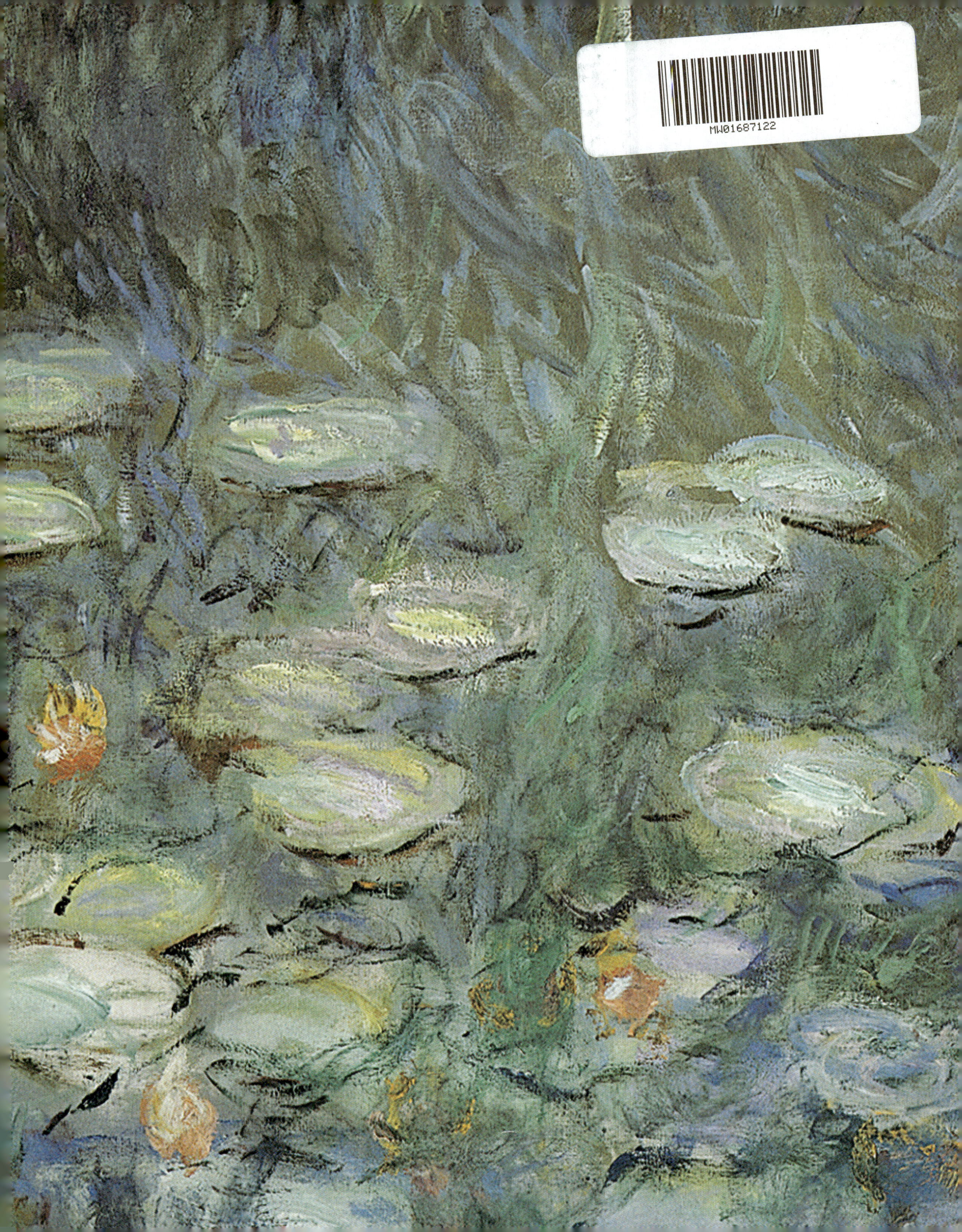

Sylvie Girardet et Claire Merleau-Ponty
dirigent et animent
le Musée en herbe, à Paris,
au Jardin d'Acclimatation depuis 1975.

En couverture :
Coquelicots, environs d'Argenteuil (détail)
Autoportrait de Monet

49, rue Étienne-Marcel, 75001 Paris

ISBN : 2-7118-3674-6

Salut l'artiste!

Claude Monet

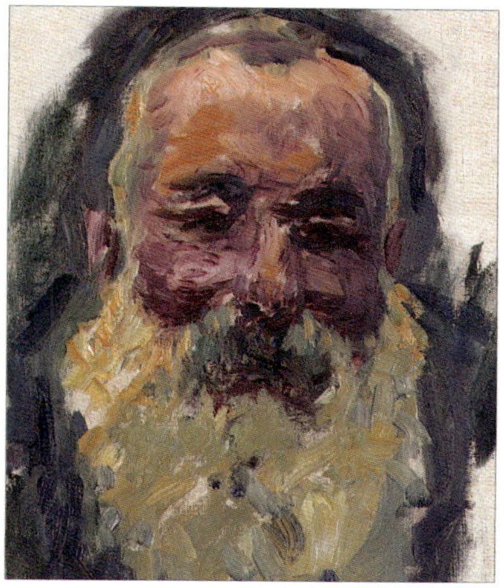

Les chevalets de Monet

Sylvie Girardet

Illustrations
Nestor Salas

Réunion
des Musées
Nationaux

MONET, PEINTRE DES LUMIÈRES

Monet est un peintre aujourd'hui très célèbre qui a vécu 86 ans.

L'histoire de sa vie s'est mélangée.
Retrouve les textes qui correspondent aux dessins.

(On trouve la solution à la fin du livre.)

1. Oscar Claude Monet
nait à Paris le 14 Novembre 1840.
Son père est épicier.
Sa famille s'installe au Havre.
Claude Monet
y passe son enfance,
tout près de la mer.

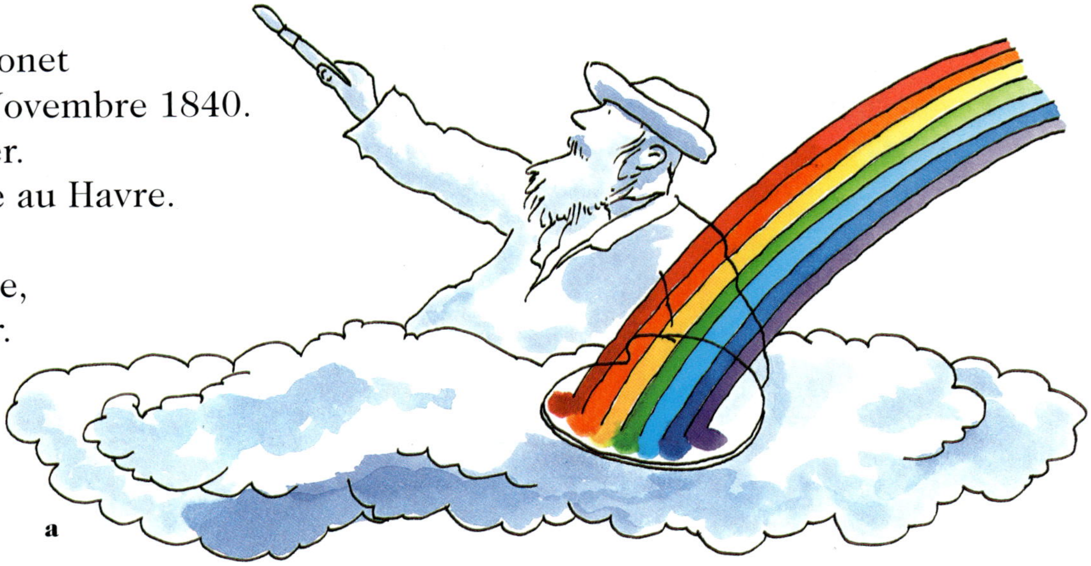

a

b

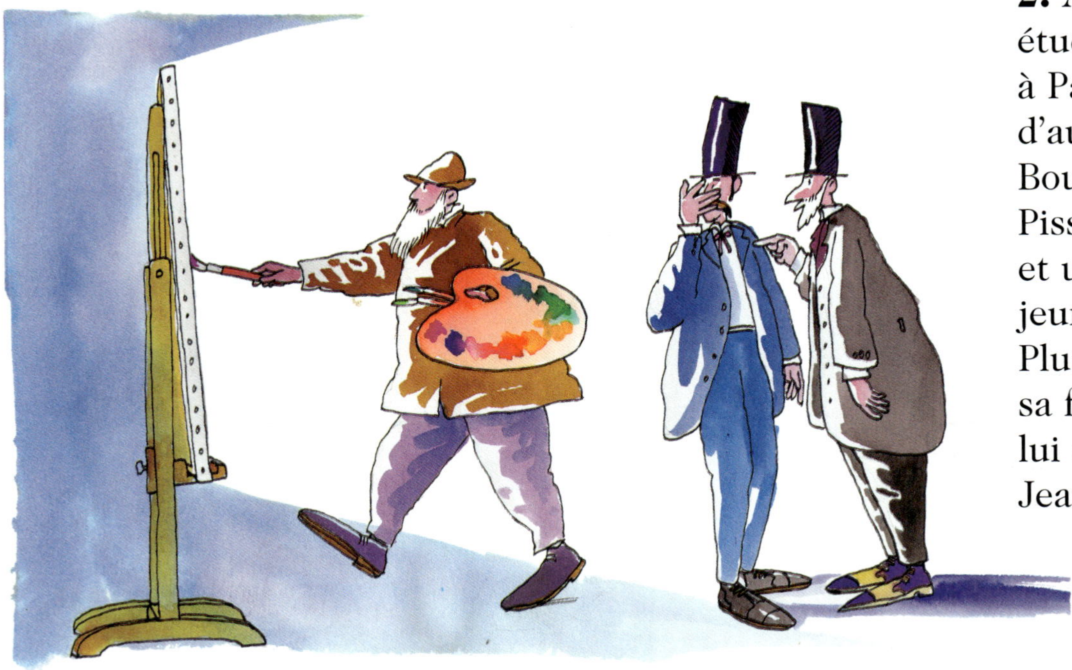

2. À 19 ans il part
étudier la peinture
à Paris, il rencontre
d'autres peintres :
Boudin, Manet, Renoir,
Pissaro, Courbet ...
et une jolie
jeune fille, Camille.
Plus tard elle devient
sa femme et
lui donne deux fils :
Jean et Michel.

3. Claude Monet
habite le plus souvent
à la campagne.
Il s'installe en plein air
pour peindre la nature.
Il aime les fleurs
et les jardins, la lumière
du soleil et de l'ombre,
de la brume, de la pluie
sur la mer, des reflets
sur l'eau et la blancheur
des paysages de neige.

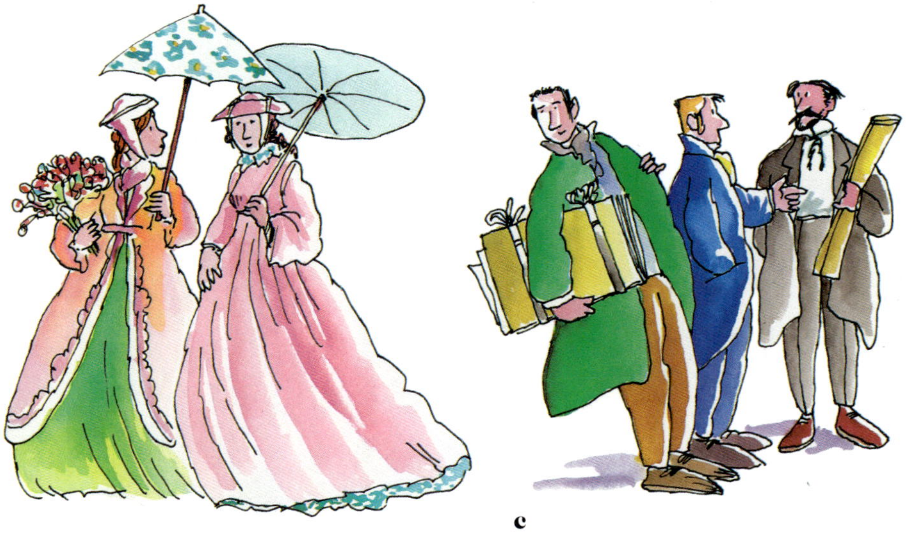
c

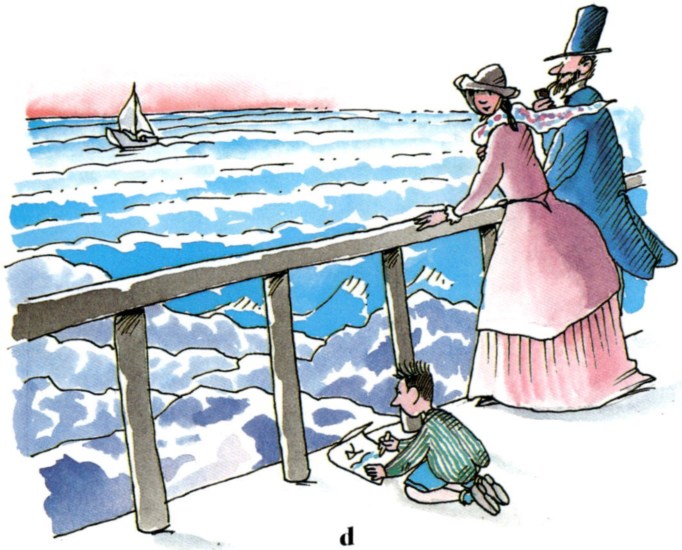
d

5. Claude Monet meurt
à quatre vingt six ans, presque aveugle.
Il peint jusqu'à la fin de sa vie.
Il a été souvent pauvre de son vivant.
C'est maintenant un des peintres
les plus célèbre du monde !

e
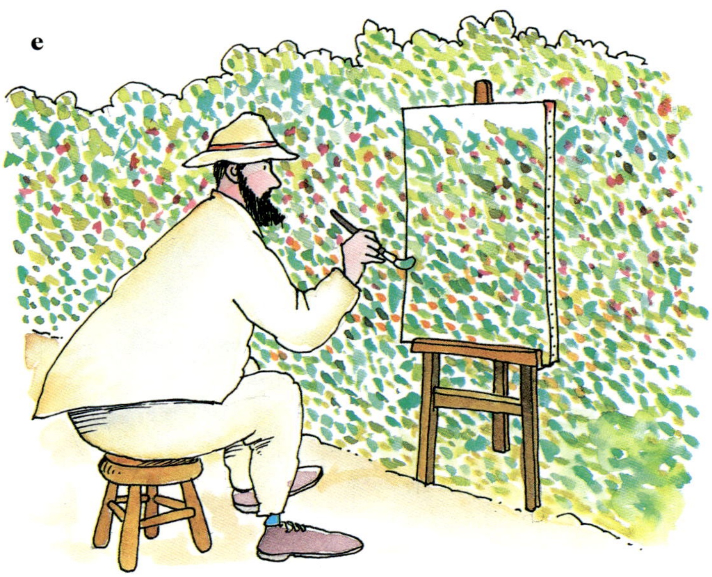

4. La façon de peindre de
Claude Monet est nouvelle pour
son époque. Beaucoup de gens
se moquent de sa peinture.
Ils pensent que ses tableaux ne sont pas
terminés. Avec des amis peintres qui,
comme lui, peignent la nature
et la lumière qui change, il fonde
un groupe : "les impressionnistes"

MONET CARICATURE

À dix-huit ans, pour gagner sa vie, Claude Monet fait des drôles de portraits des gens qui l'entourent.

Reconnais-tu cet homme parmi les quatre caricatures dessinées par Monet ?

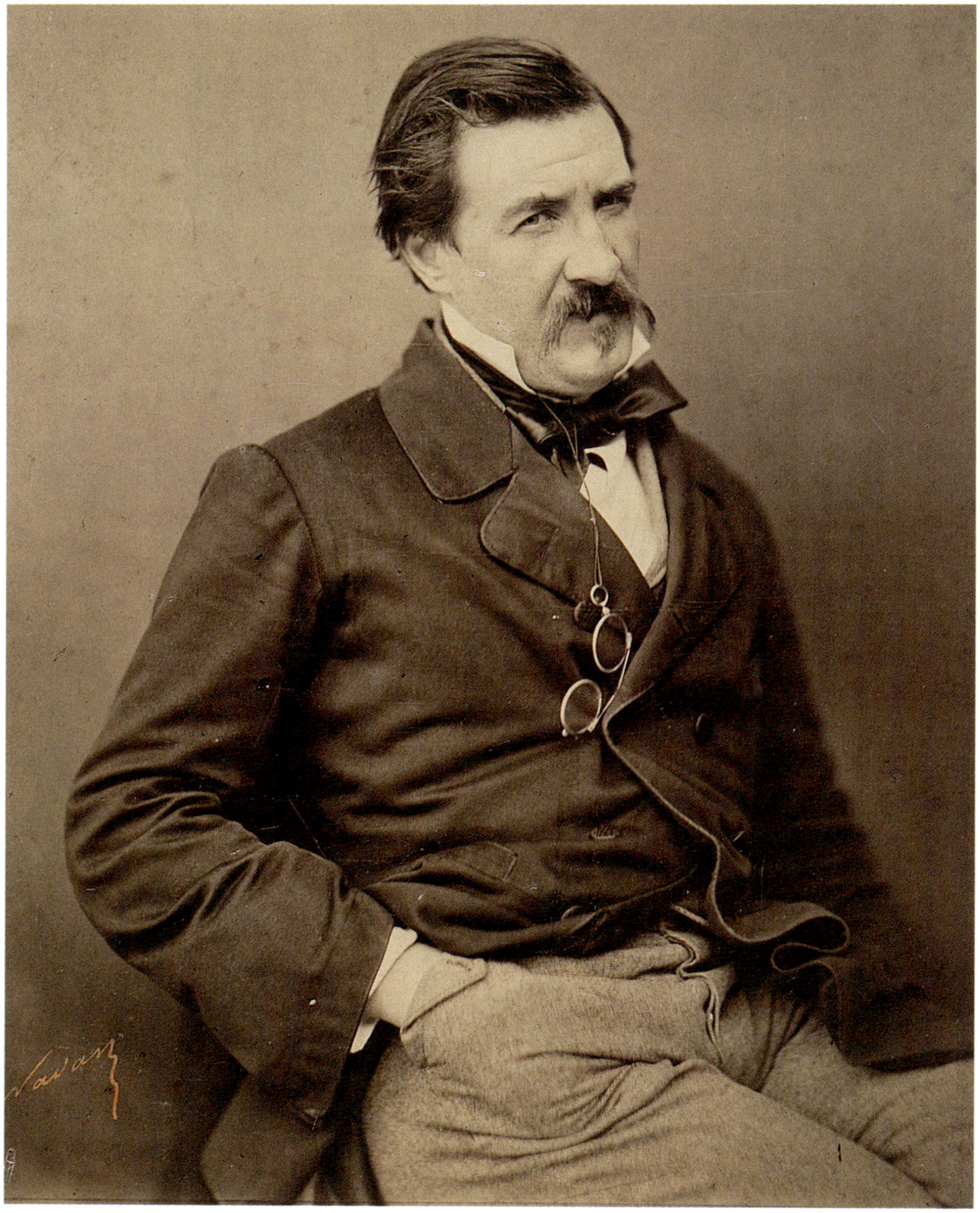

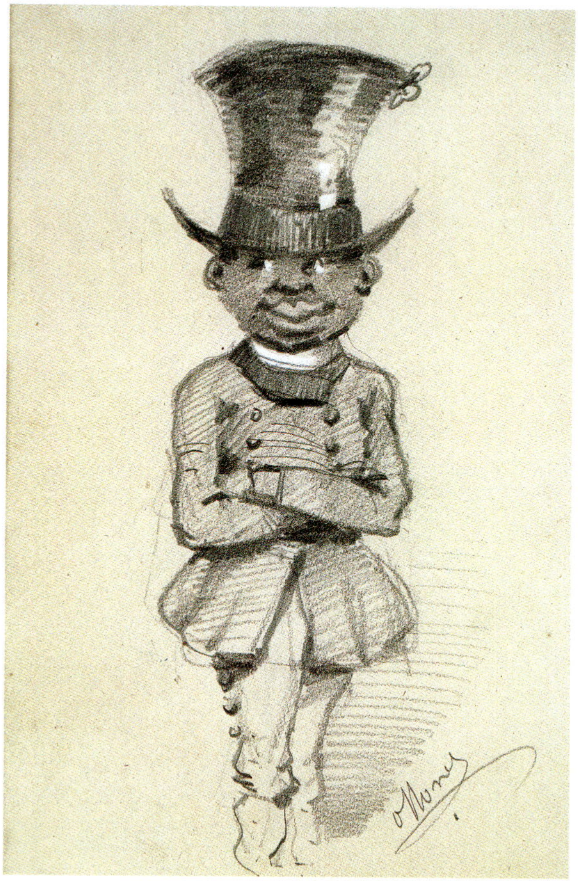

1

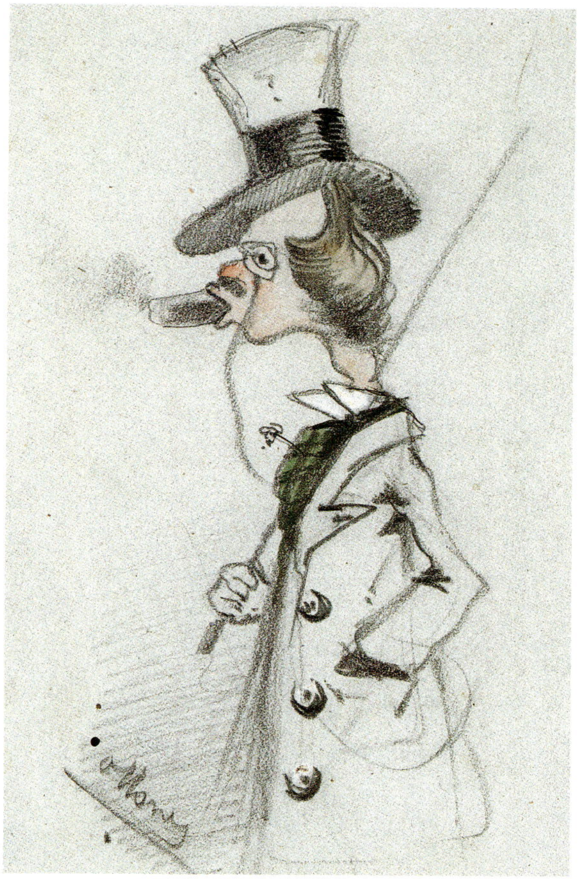

2

3

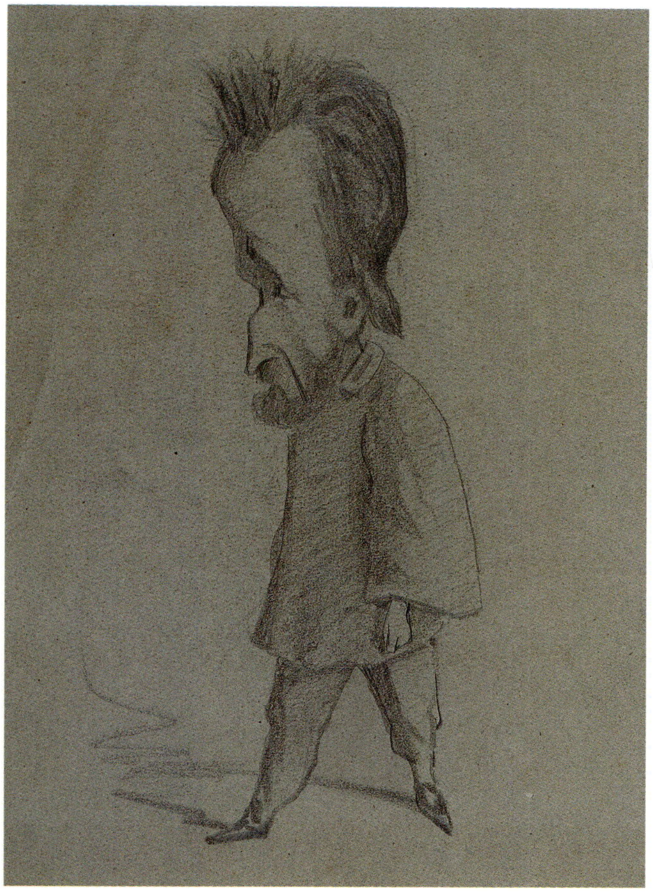

4

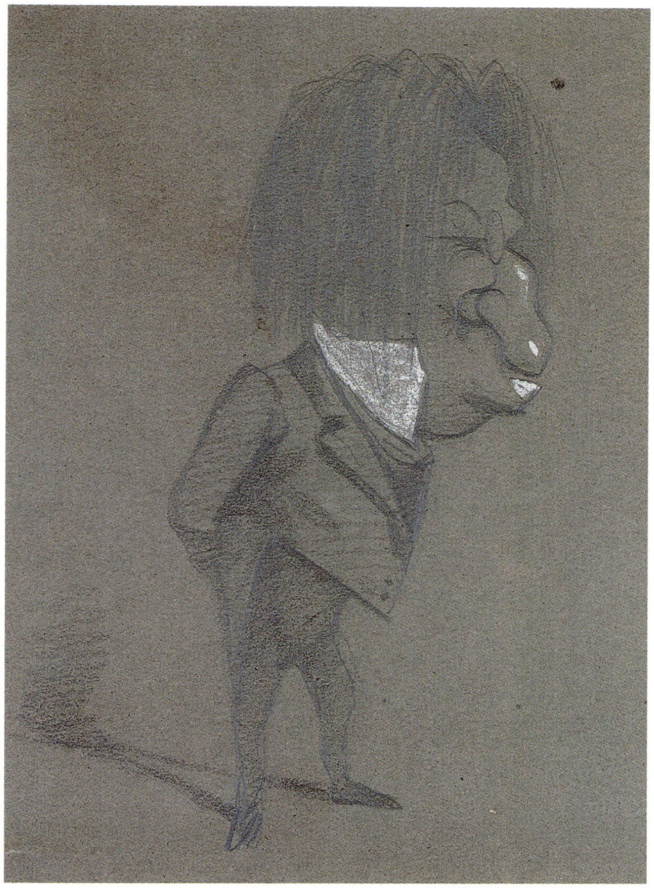

LE DÉJEUNER SUR L'HERBE

1865

Monet a peint ses amis en train de pique-niquer dans la forêt de Fontainebleau. Il a d'abord fait des dessins en plein air. Il a ensuite peint le tableau dans son atelier tellement il était grand : plus de quatre mètres de haut !

Certains de ces aliments font partie du pique-nique. Lesquels ?

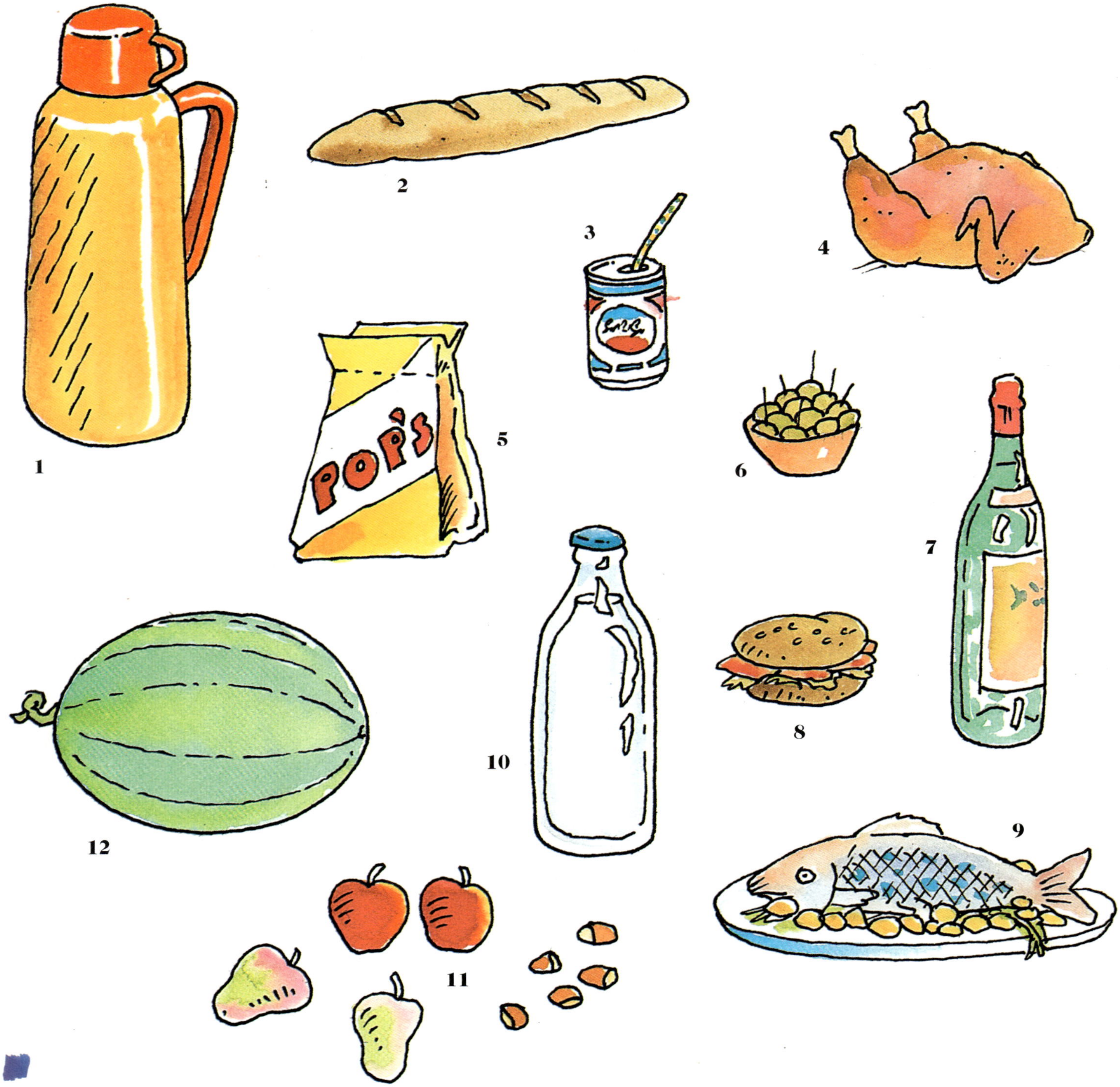

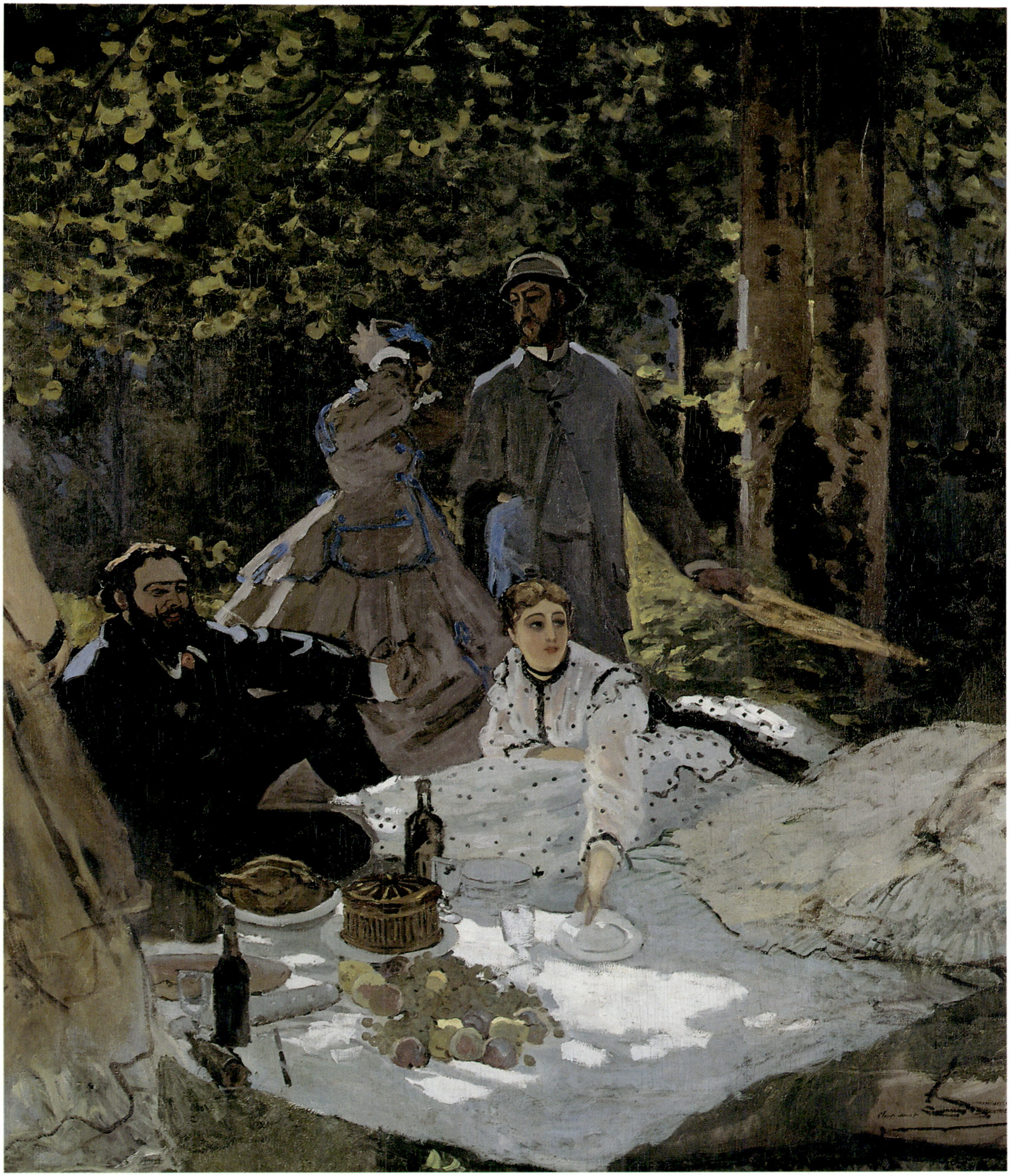

FEMMES AU JARDIN

1867

*Pour peindre ce tableau, Monet s'est installé dans un jardin.
La toile était très grande et il a du creuser la terre
pour y descendre le tableau au fur et à mesure qu'il le peignait.*

Regarde l'ombre des arbres. À ton avis, où se trouve le soleil ?

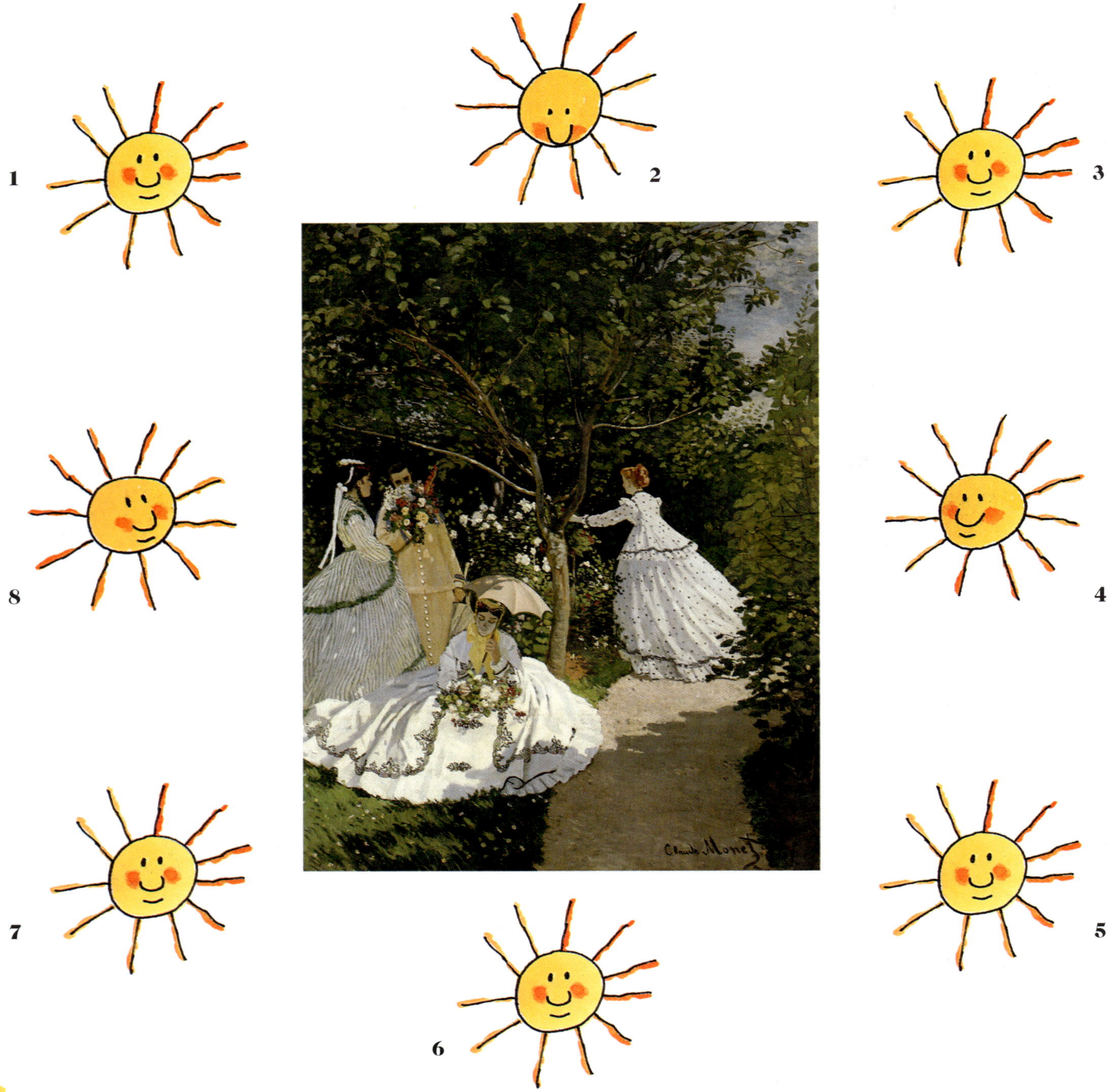

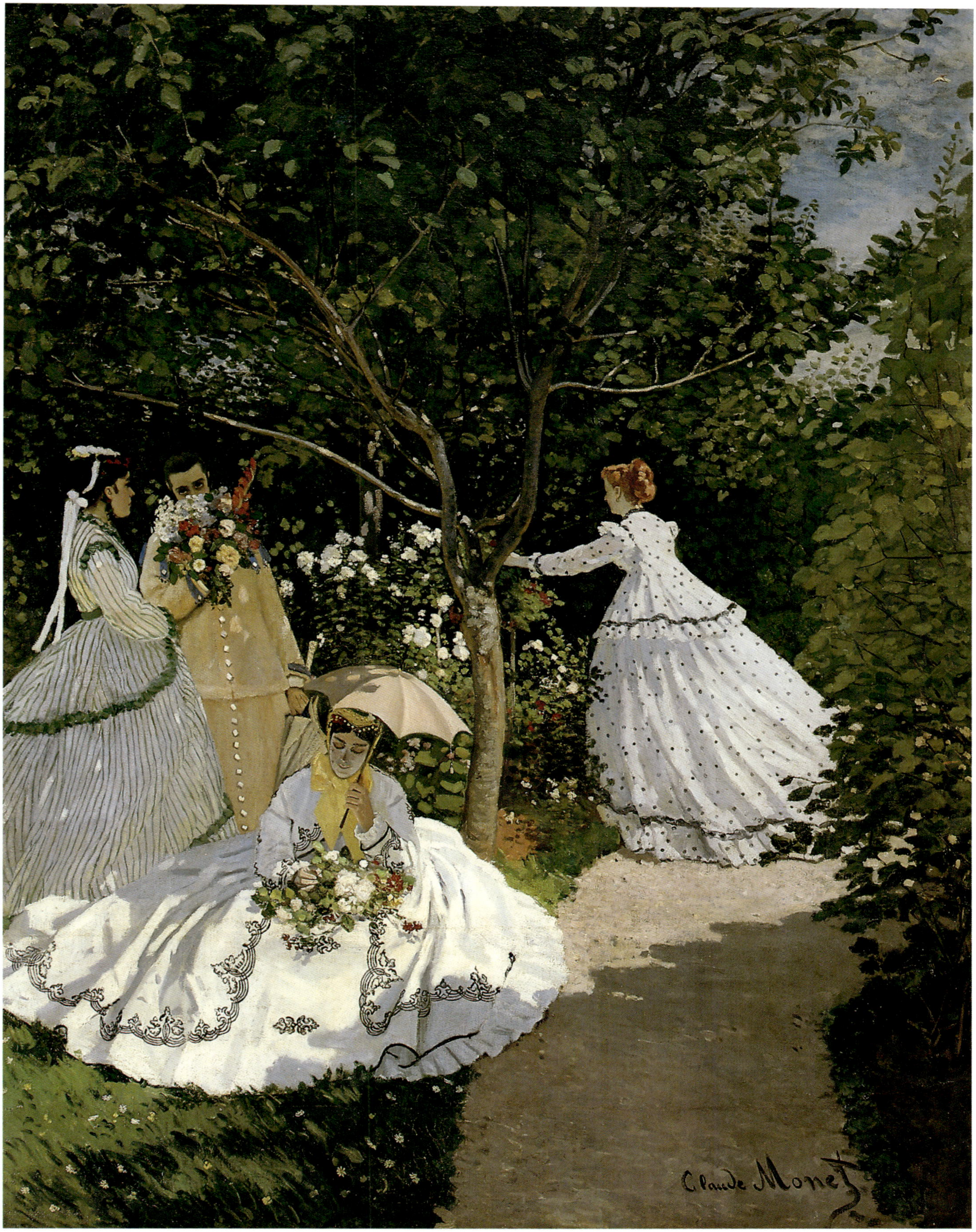
Claude Monet

LE DÉJEUNER

1873

C'est le plein été dans ce jardin de Ville d'Avray. Le repas est terminé. Jean, le fils de Monet joue sagement. On croirait entendre les oiseaux et sentir la bonne odeur des fleurs ! Les personnages du tableau portent des chapeaux pour se protéger du soleil.

Parmi ces chapeaux quels sont ceux qui appartiennent au tableau ?

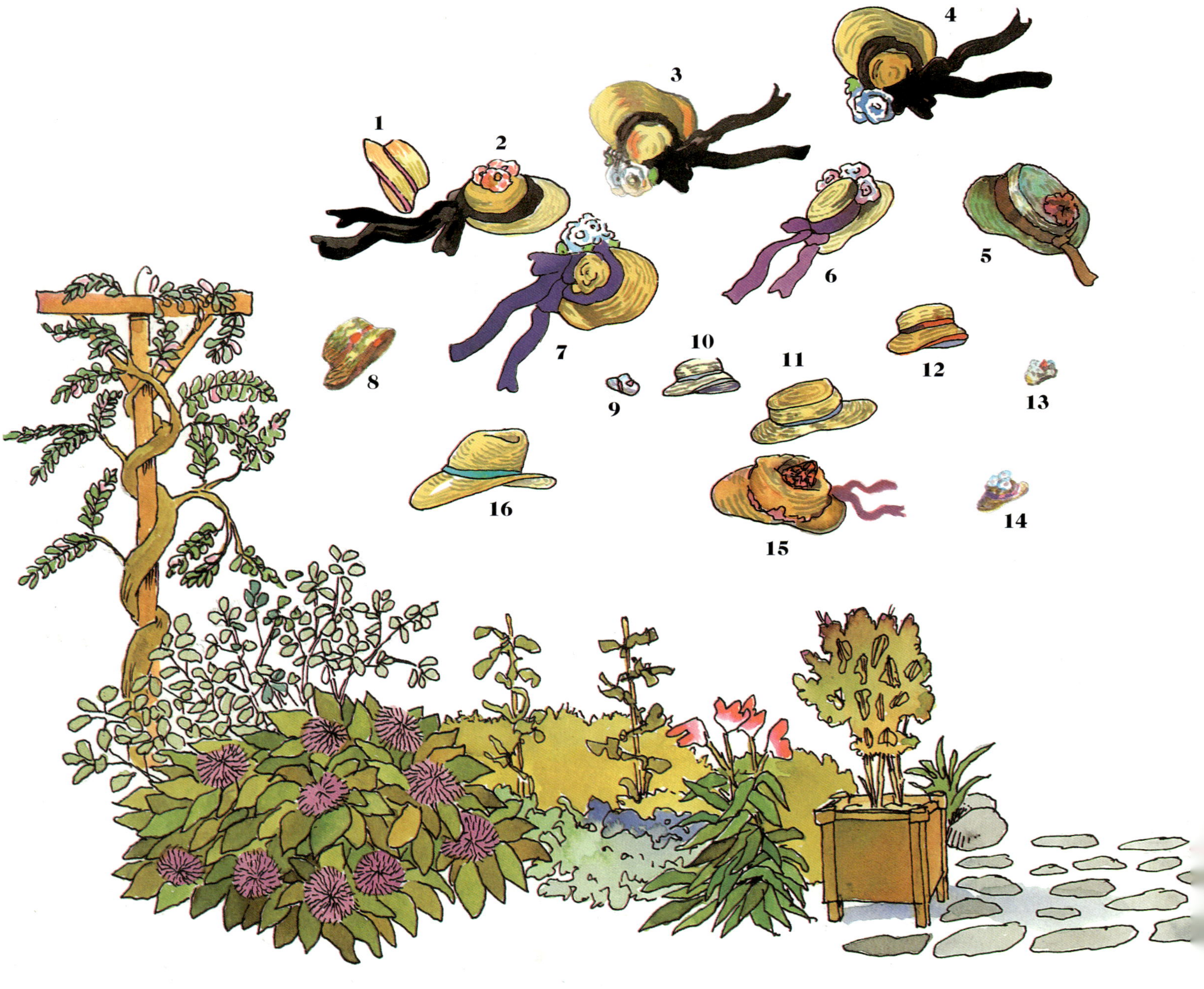

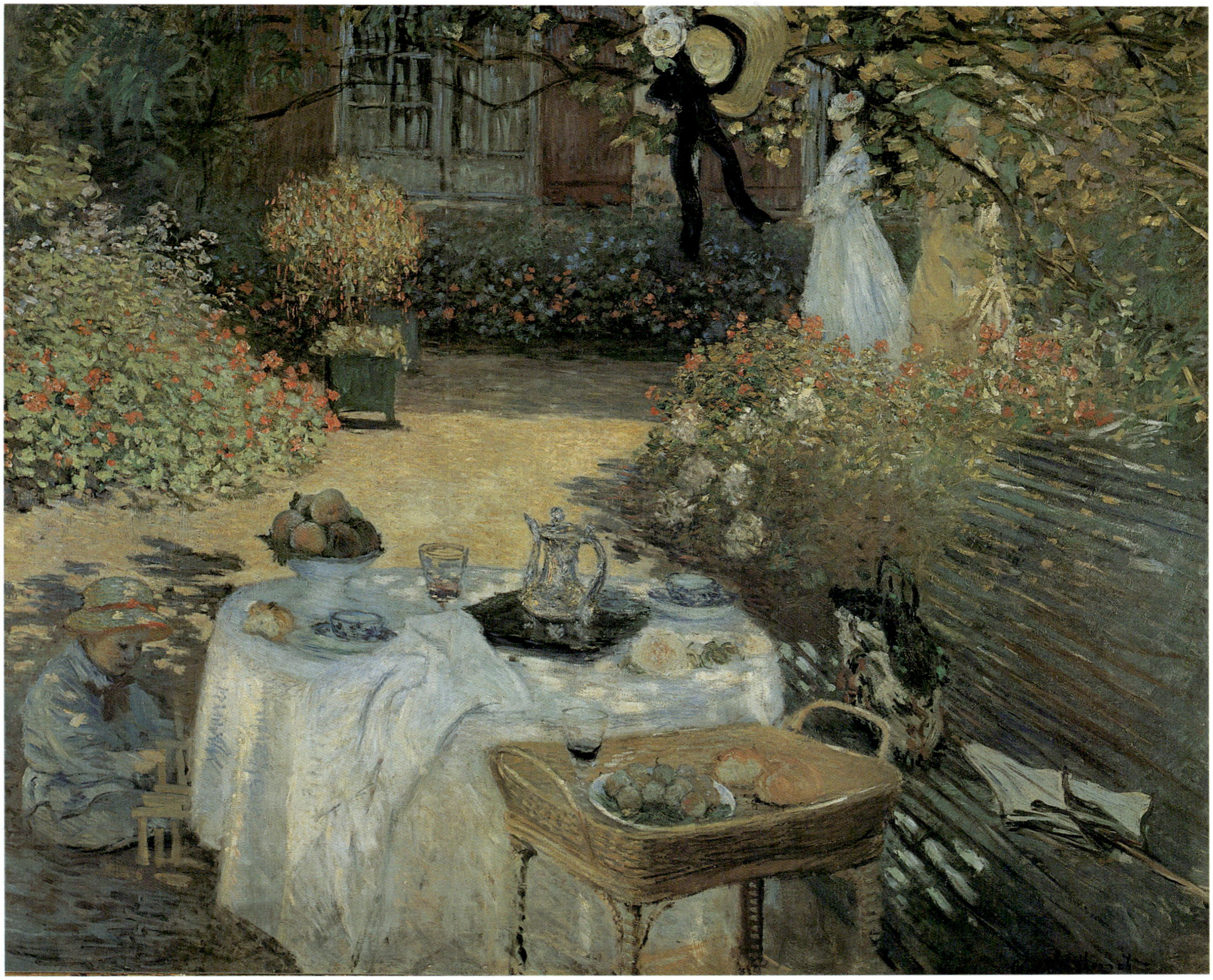

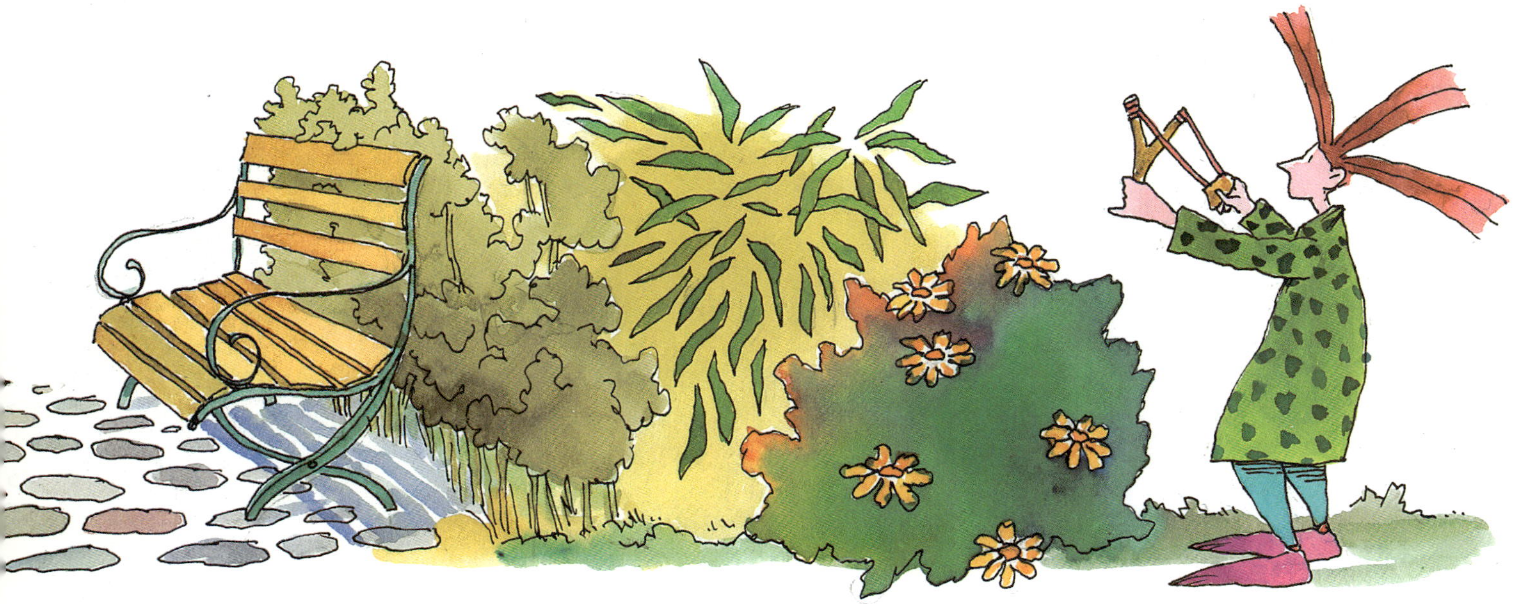

COQUELICOTS

1873

Dans ce champ de coquelicots où se promènent des femmes et des enfants, les fleurs apparaissent comme des tâches rouges.

Retrouve parmi ces coquelicots peints par Monet ceux qui appartiennent au tableau.

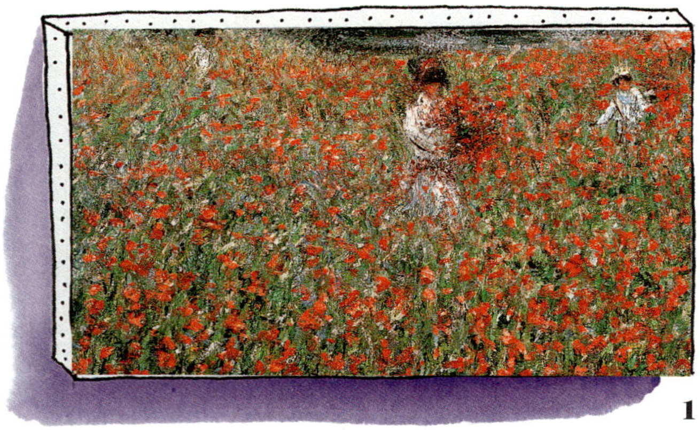

1

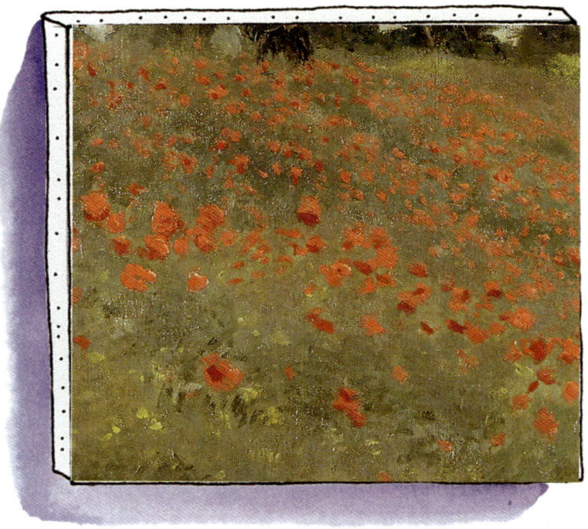

2

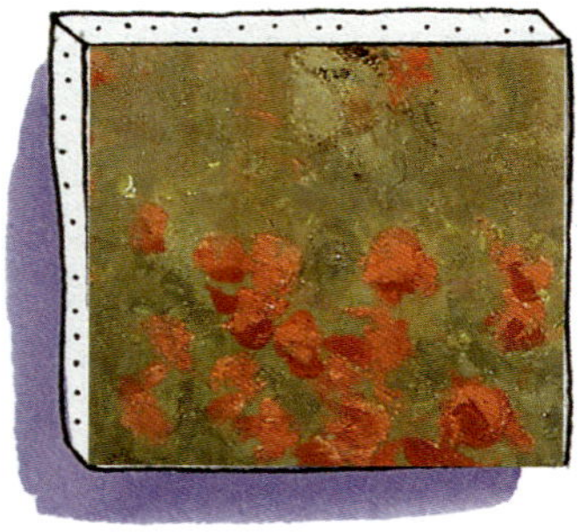

3

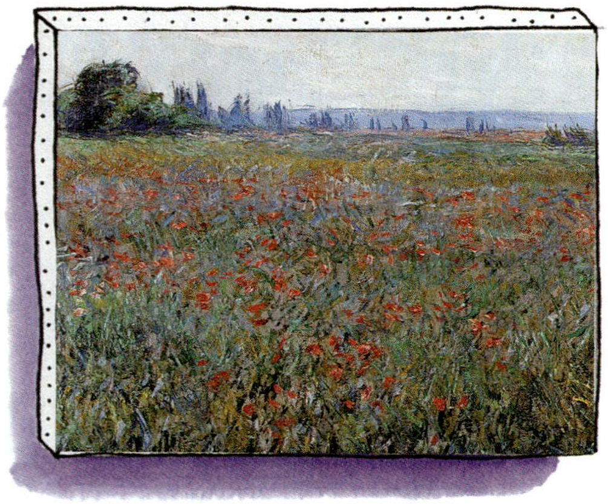

4

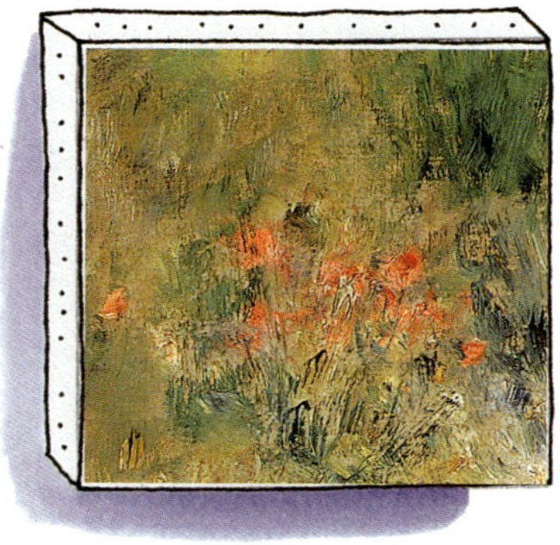

5

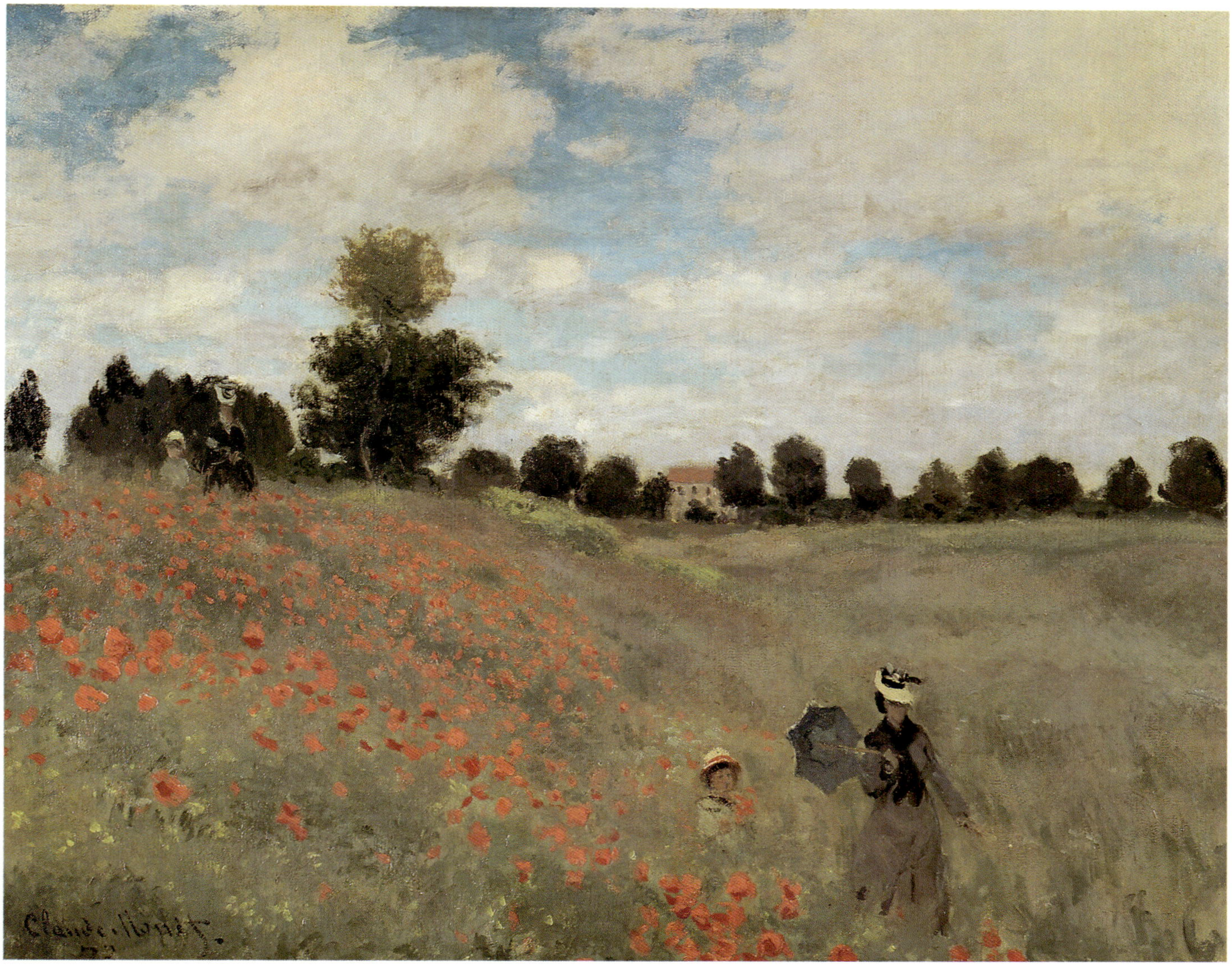
Claude Monet

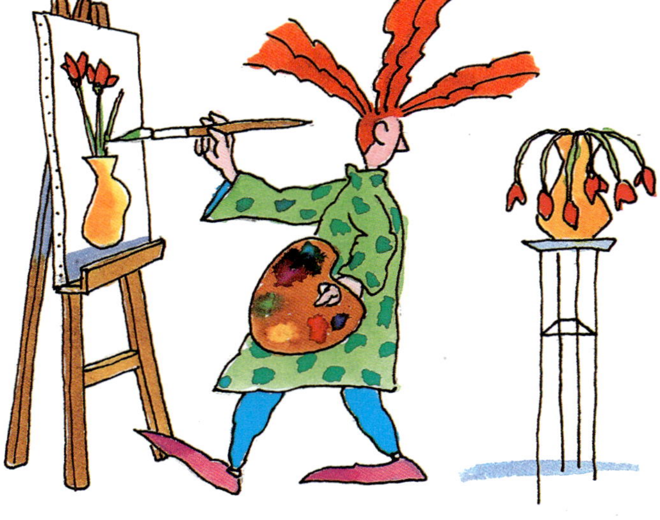

RÉGATES À ARGENTEUIL

1872

Bien installé dans son bateau-atelier, Monet peint les voiliers sur la Seine..

Les reflets des bateaux sur l'eau se sont envolés !
Retrouve à quels bateaux ils appartiennent.

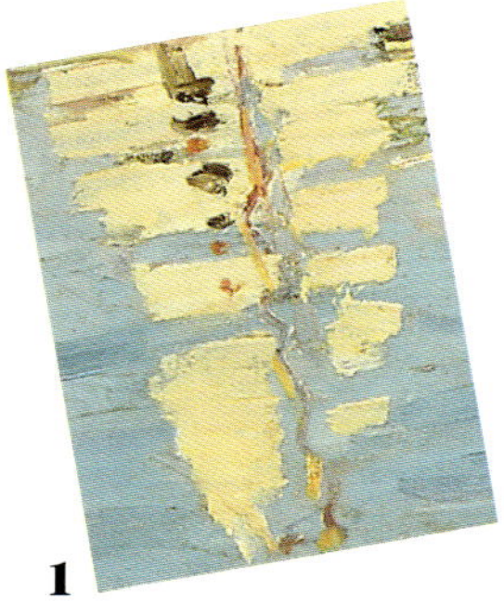

1

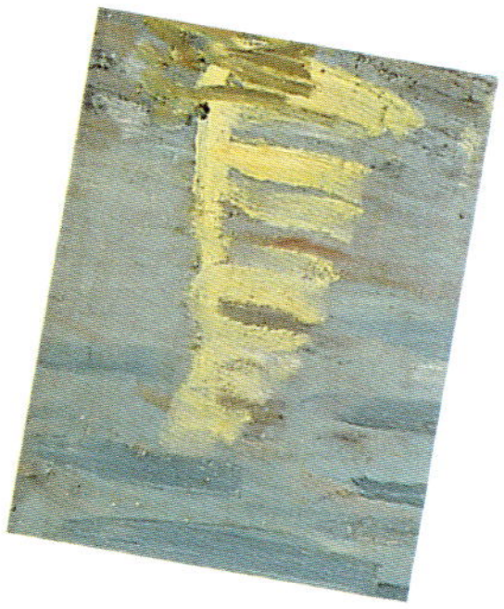

2

3

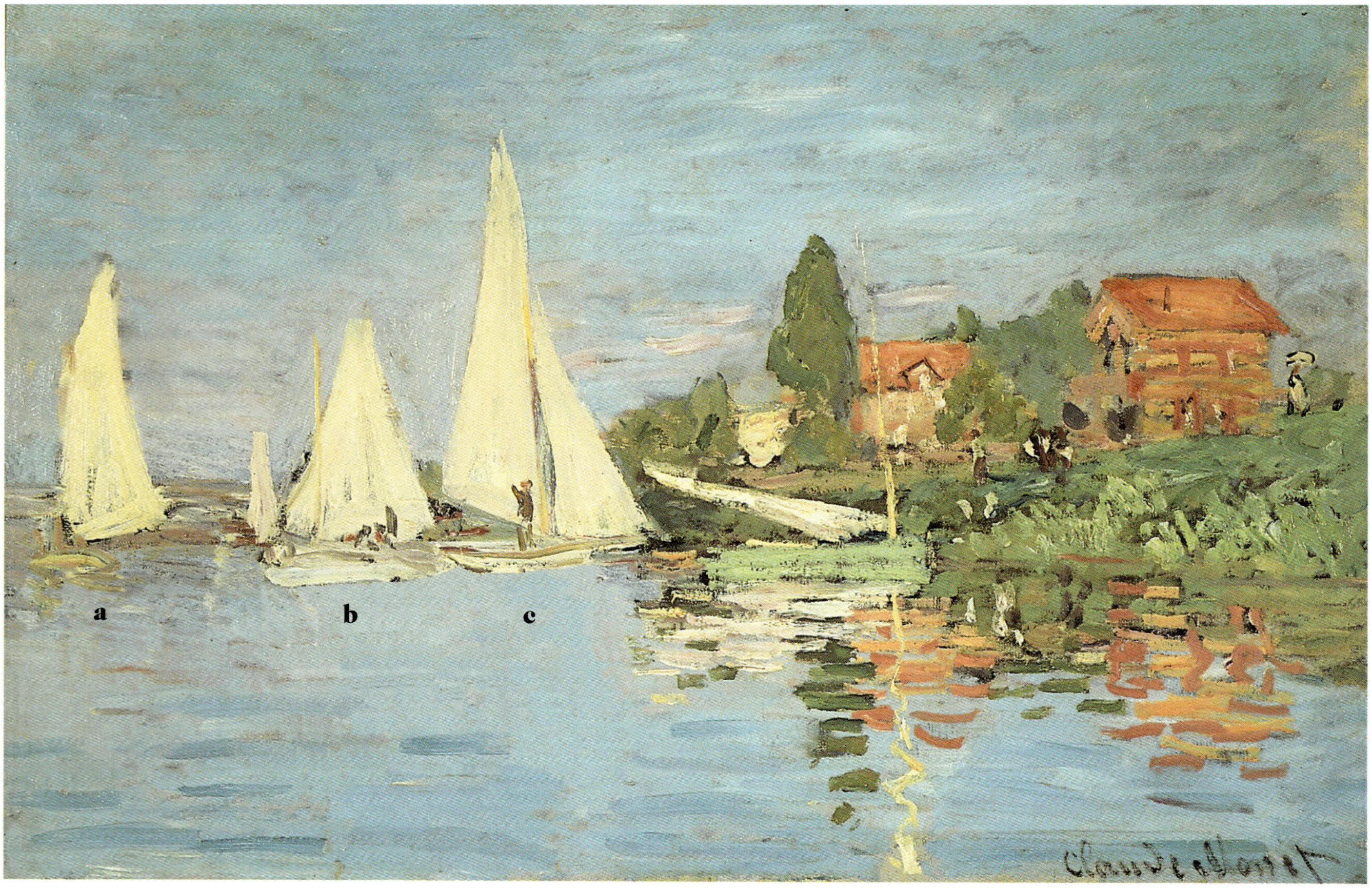

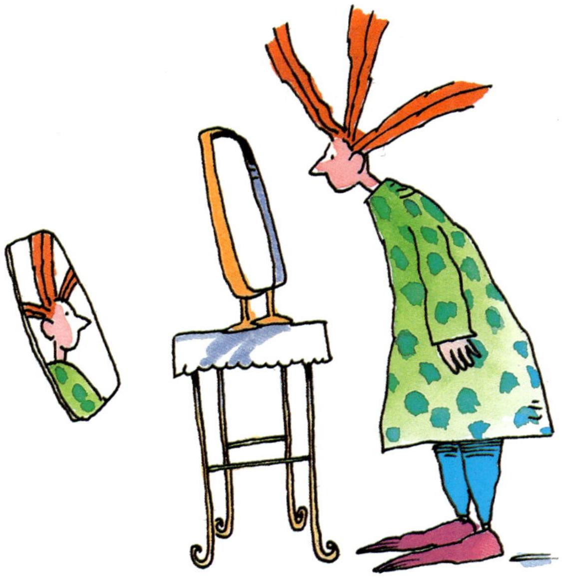

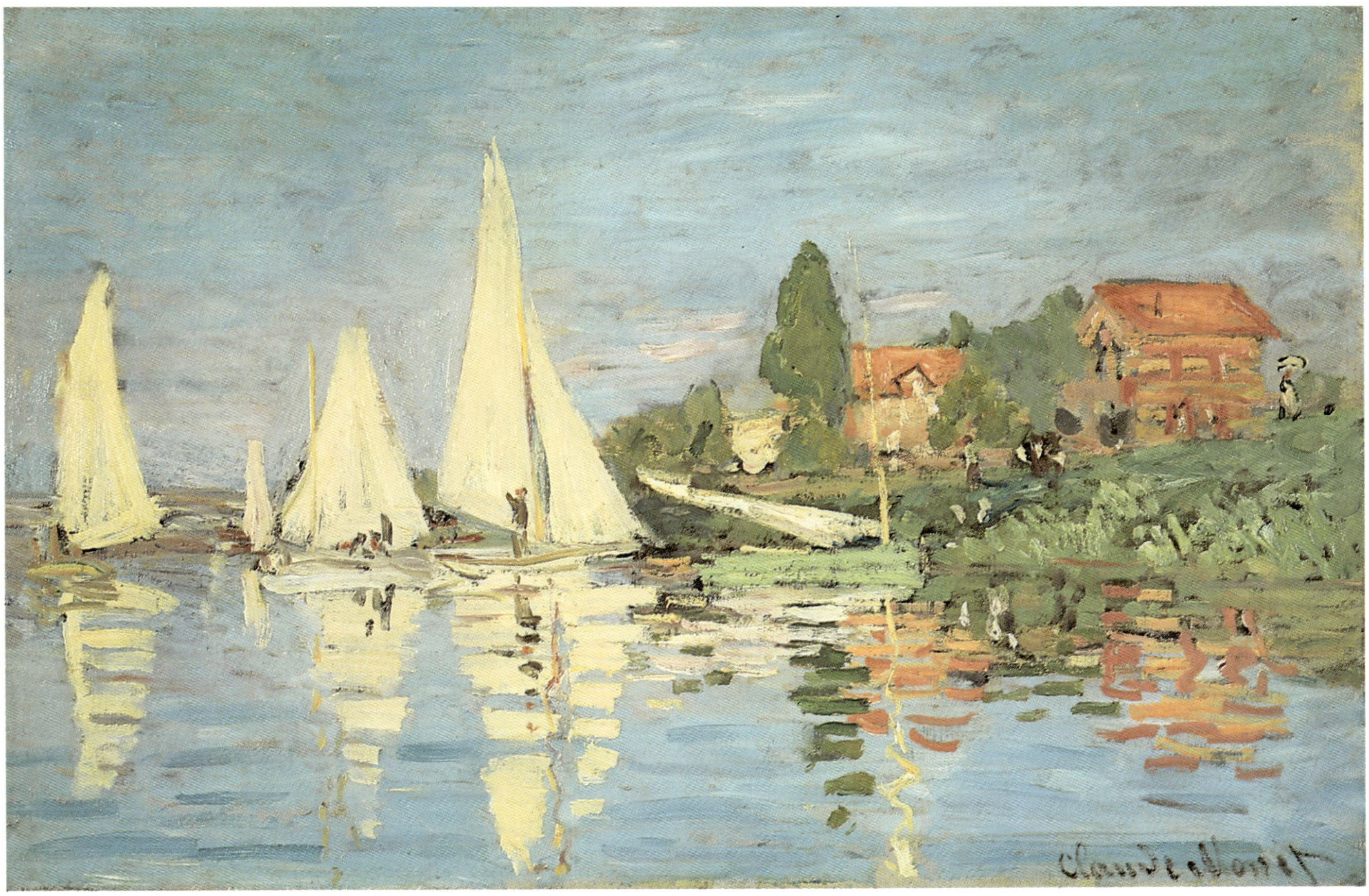

IMPRESSION, SOLEIL LEVANT

1873

De la fenêtre de sa chambre,
Monet peint le soleil qui se lève
sur le port du Havre.
Il ressemble à un gros ballon rouge.

Parmi ces quatre tableaux
retrouve celui peint par Monet.

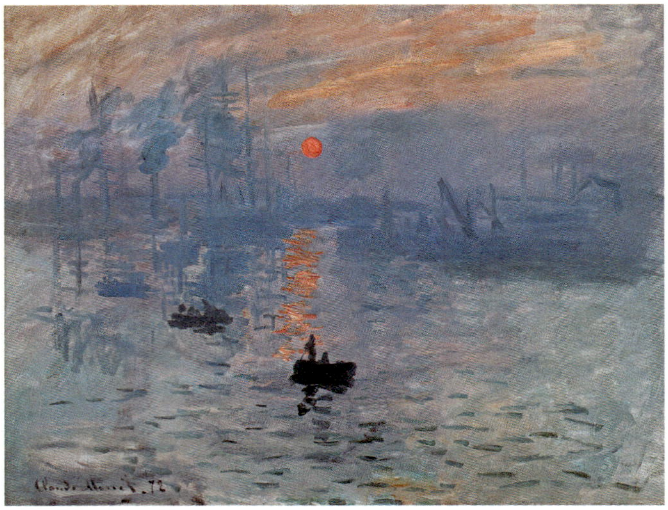

1

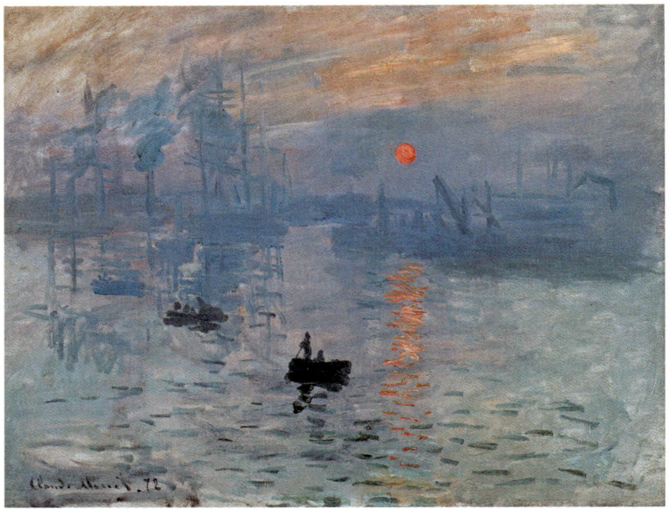

2

3

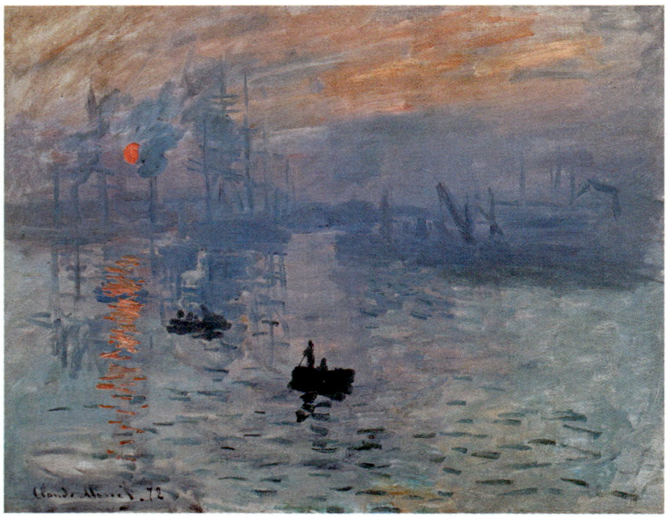

4

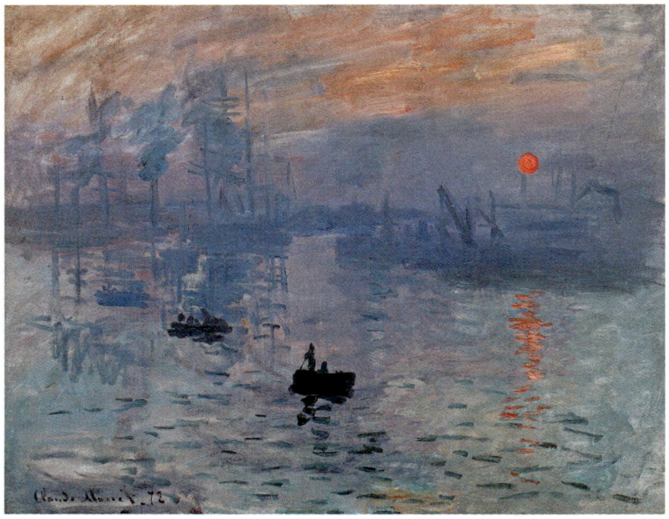

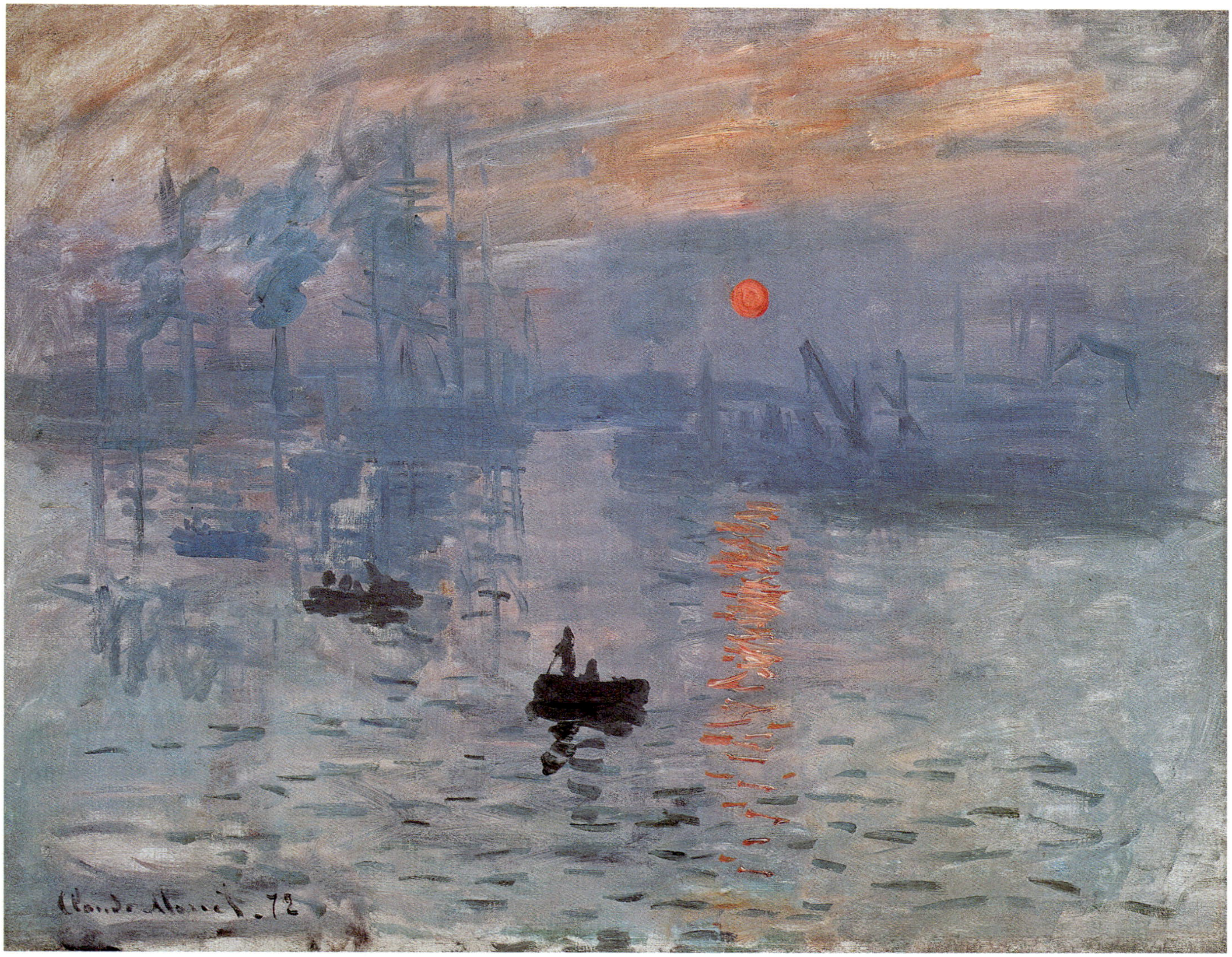

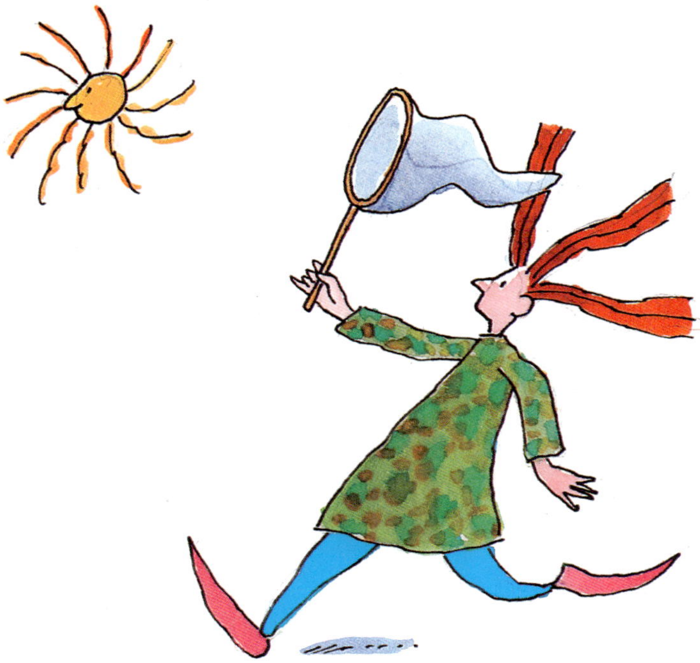

LA JAPONAISE

1875

Monet adore le japon. Il collectionne des dessins et des objets japonais. On peut les voir aujourd'hui en visitant sa maison à Giverny. Sa femme s'est déguisée pour servir de modèle à son mari.

Retrouve sept erreurs dans cette copie de son tableau.

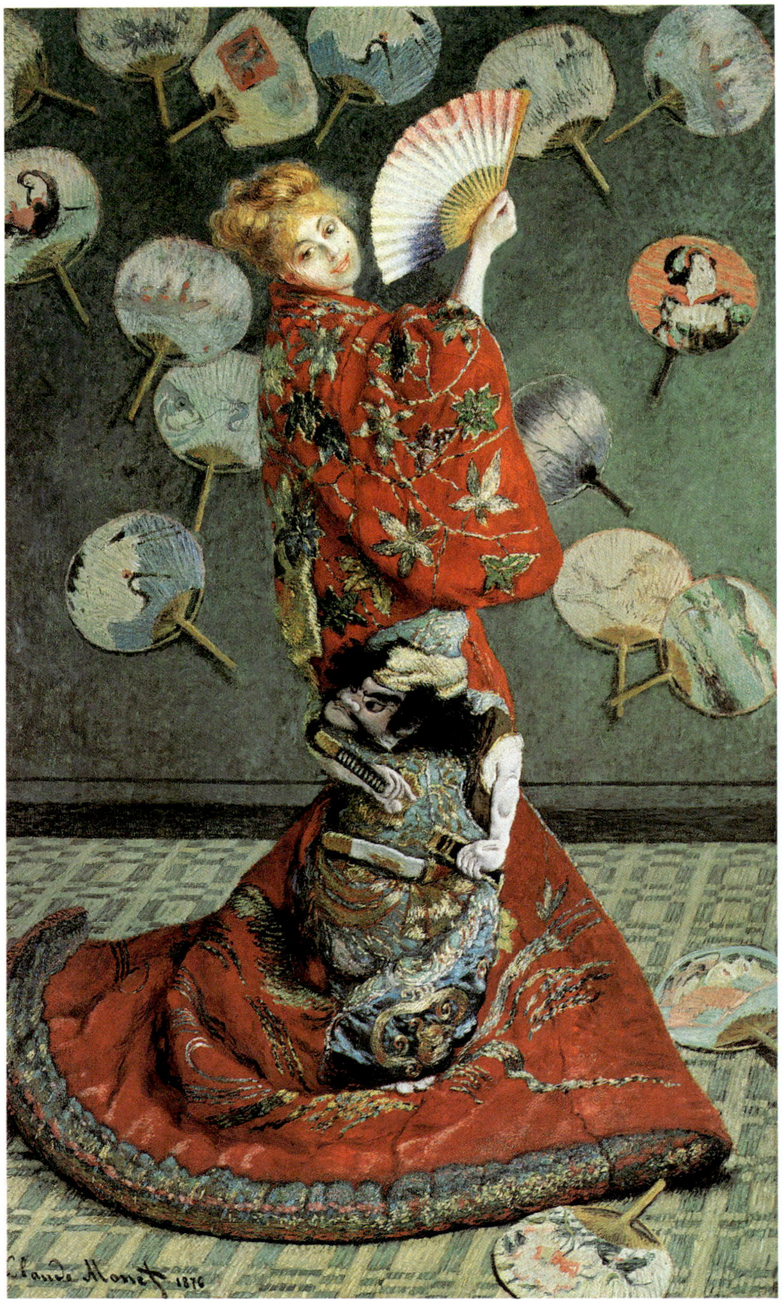

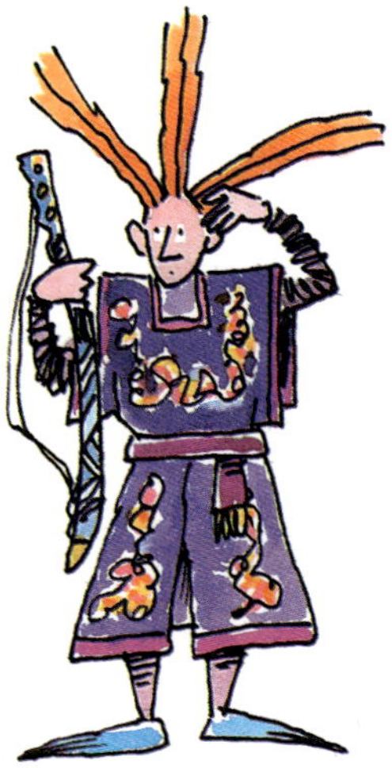

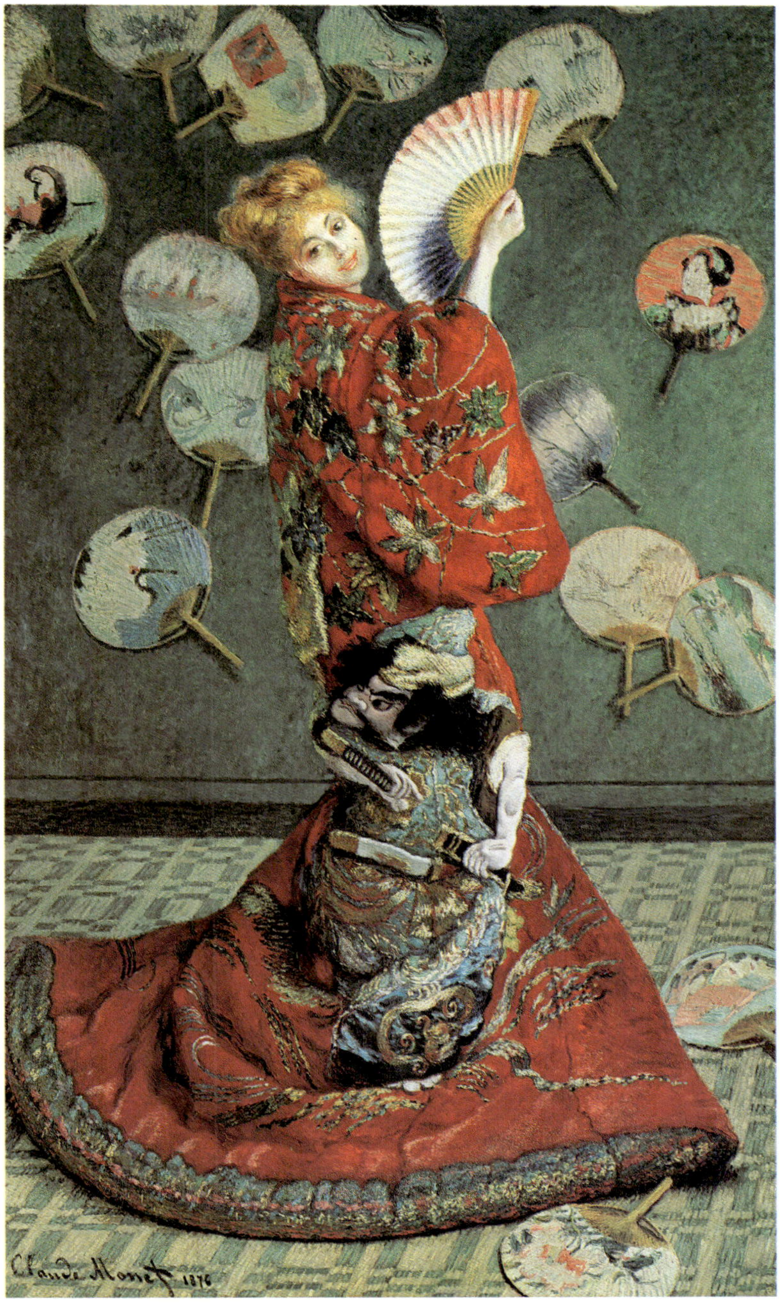

LA GARE SAINT-LAZARE

1877

Le train est une nouveauté à l'époque de Monet !
Le peintre est fasciné par le chemin de fer,
sa vitesse, le paysage qui défile devant les yeux...
Il a peint de nombreuses fois
la gare enfumée par les locomotives à vapeur.

Prends des petits morceaux de coton
et place-les sur cette copie
du tableau aux endroits
où Monet a peint la fumée.

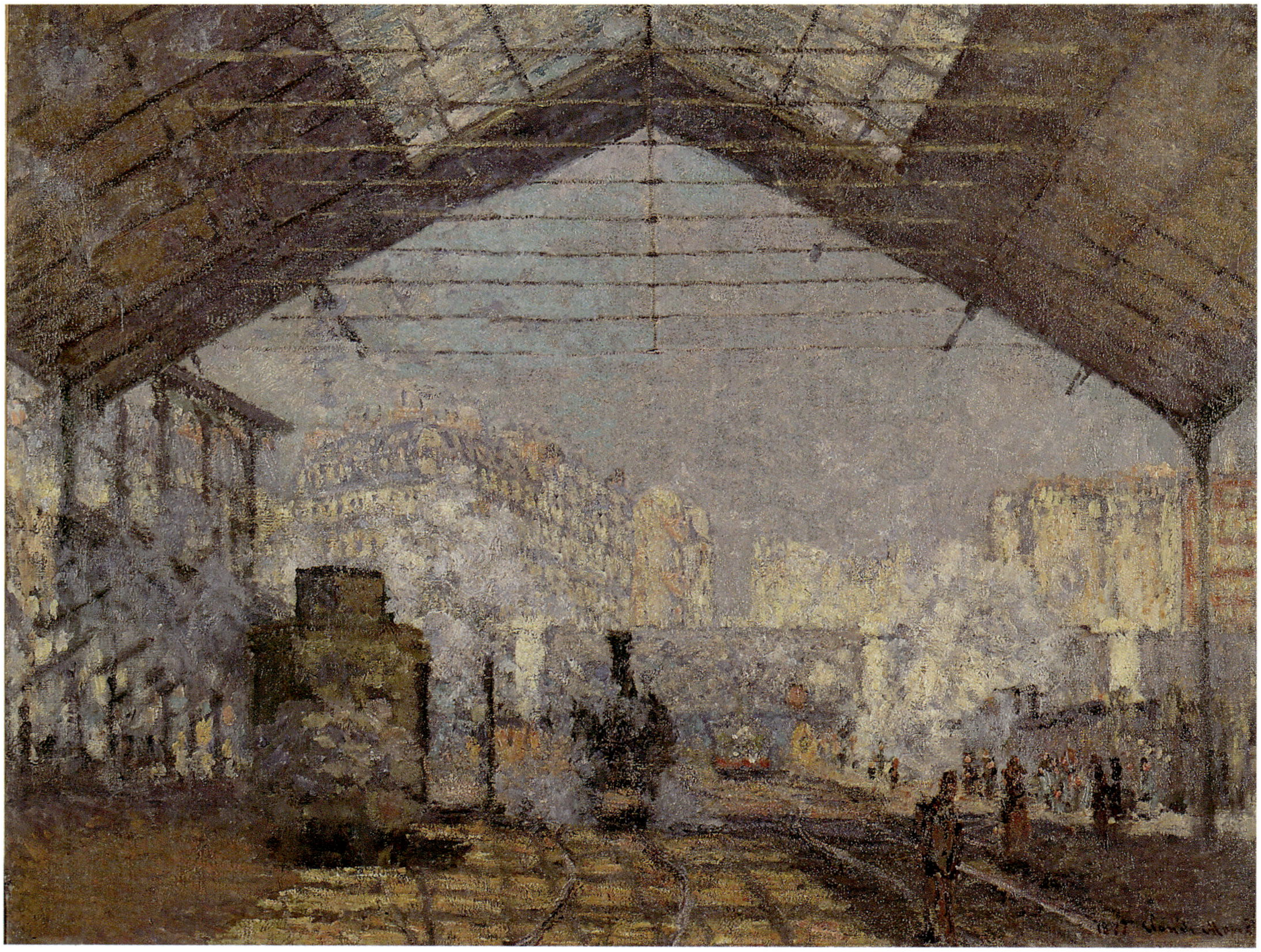

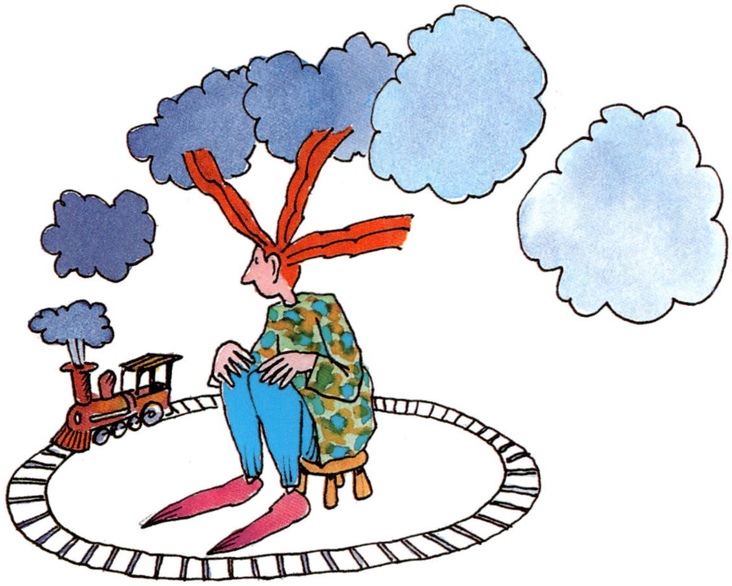

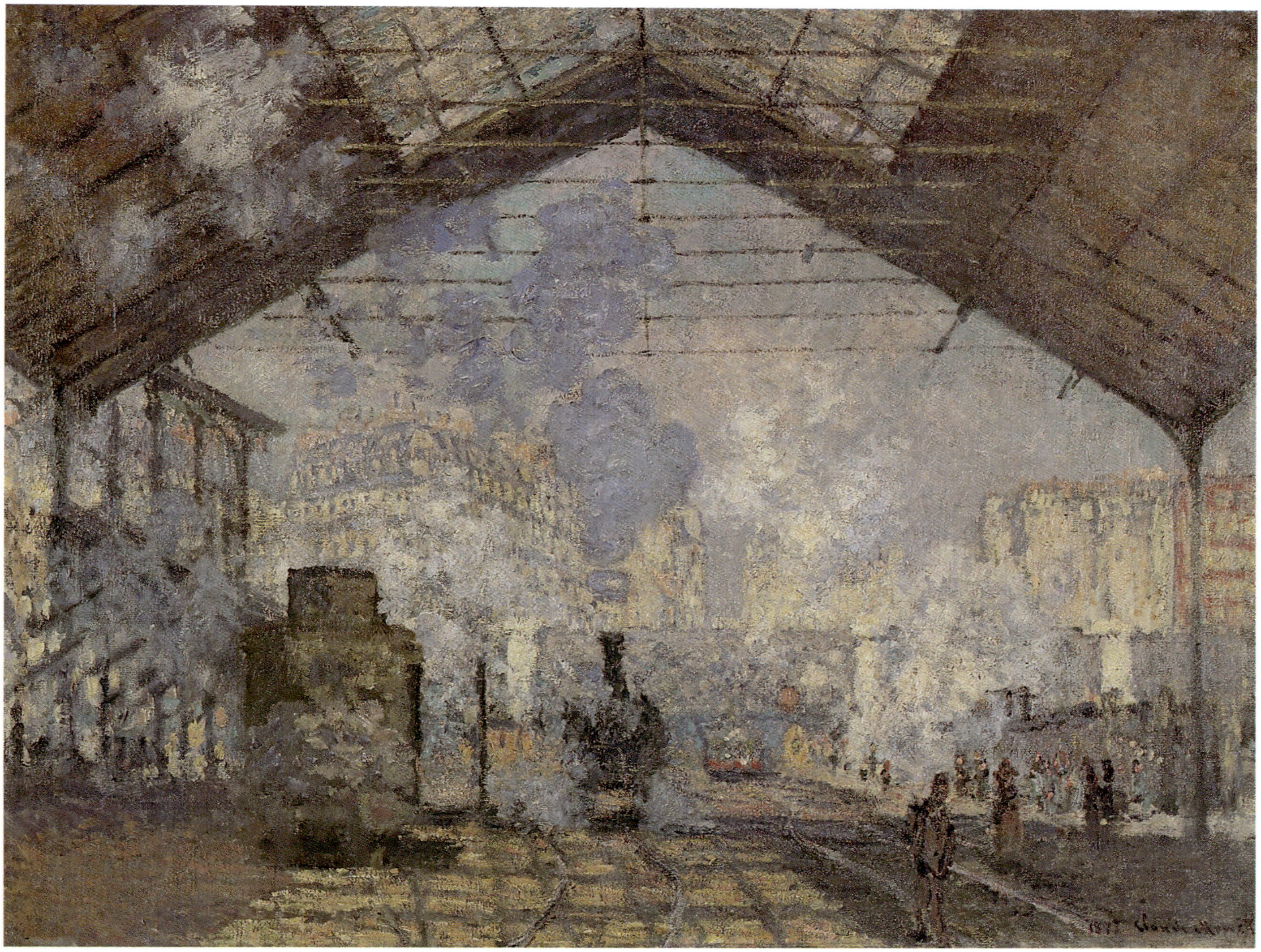

TEMPÊTE, CÔTE DE BELLE-ILE

1886

La tempête ne fait pas peur à Monet ! Il accroche son chevalet à des pierres pour qu'il ne s'envole pas et attache solidement sa palette et ses pinceaux. En plein vent, il peint les vagues qui se déchainent !

Retrouve sur le tableau ces détails agrandis de la mer.

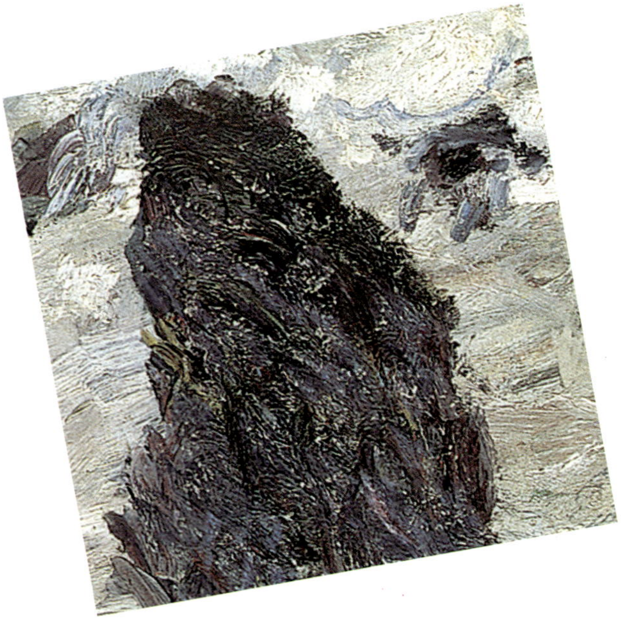

1

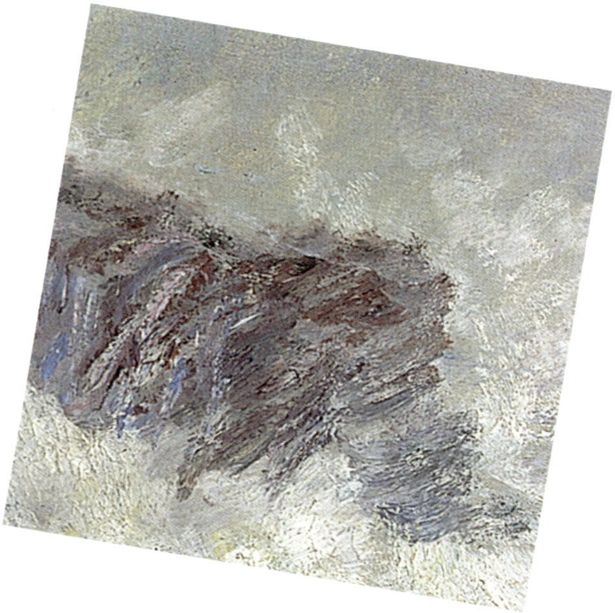

2

3

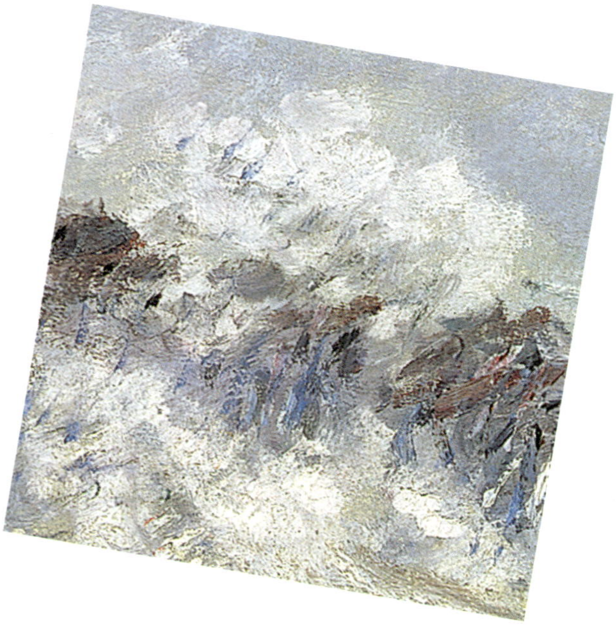

4

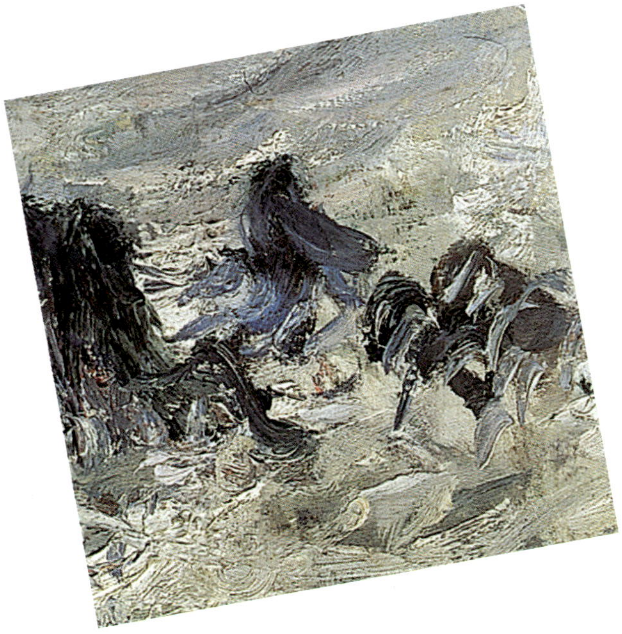

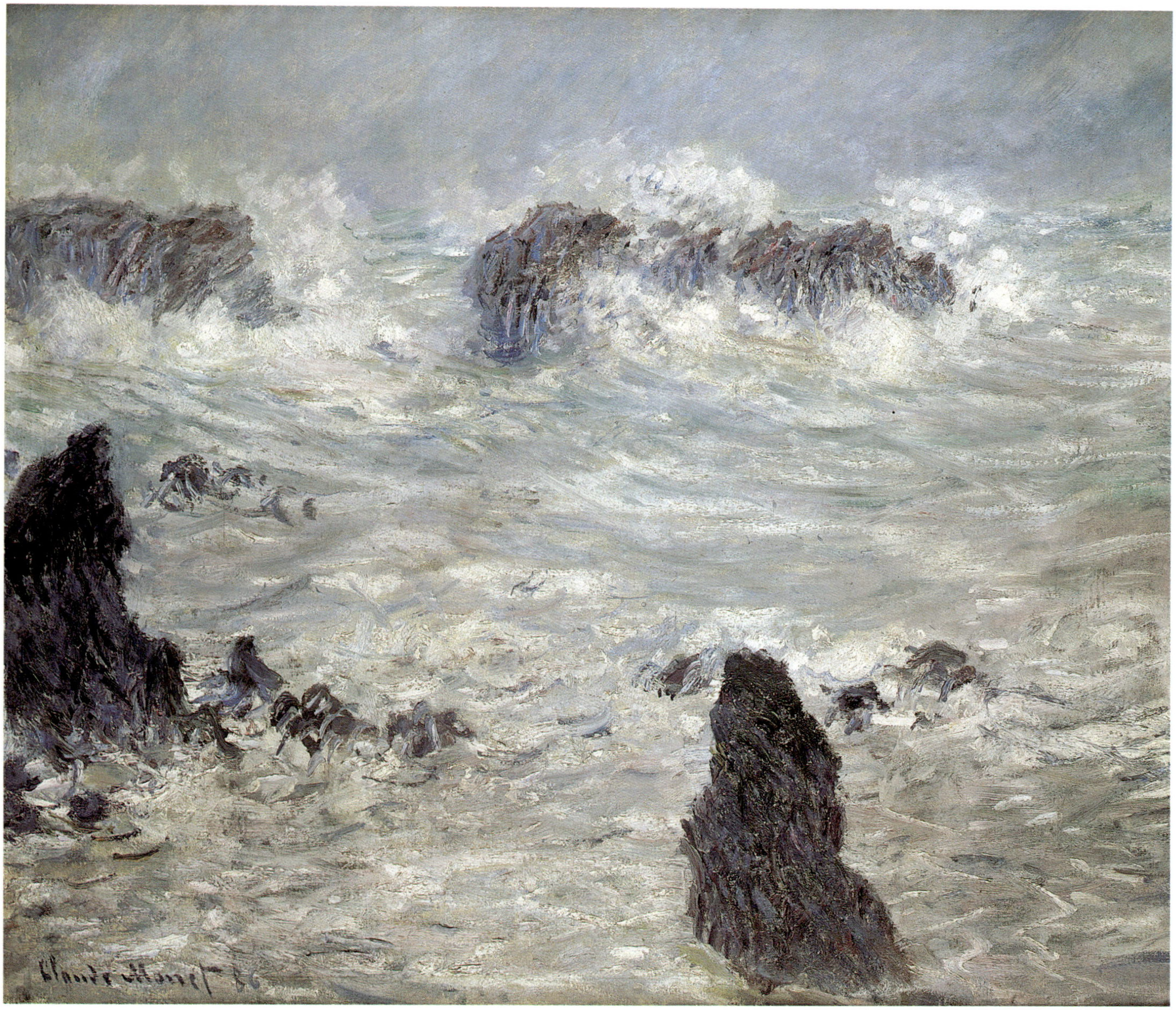

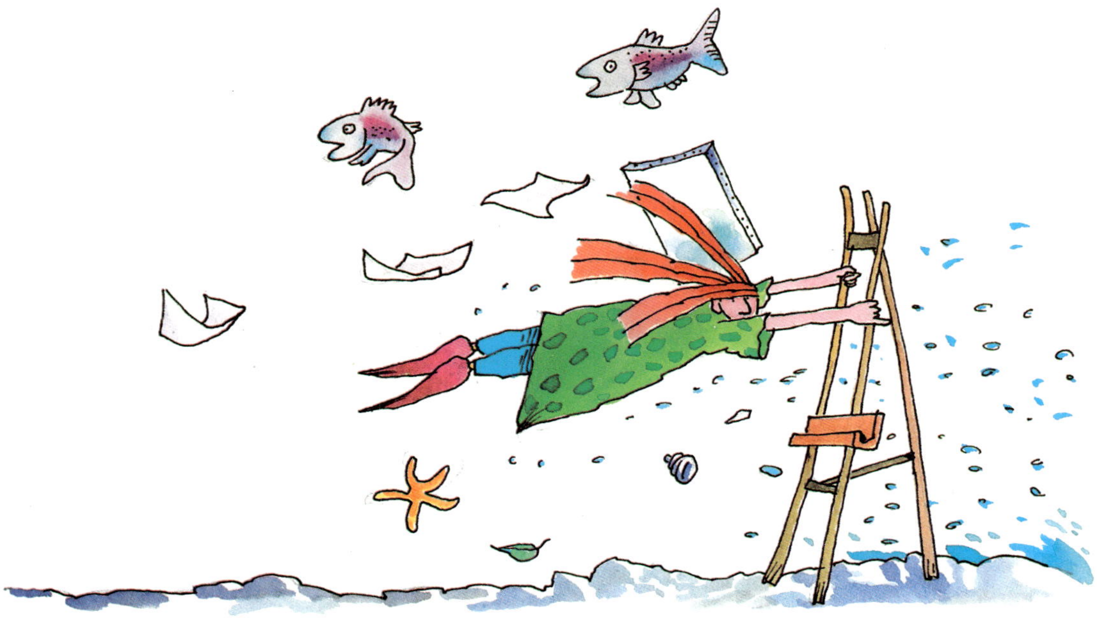

LA CATHÉDRALE DE ROUEN

1894

Monet peint la cathédrale de Rouen à plusieurs heures de la journée. Au fil du jour, la lumière change et les couleurs sont différentes.

À ton avis, à quelle heure Monet a-t'il peint chacun de ces tableaux ?

a. Six heures du matin, le soleil se lève à peine.

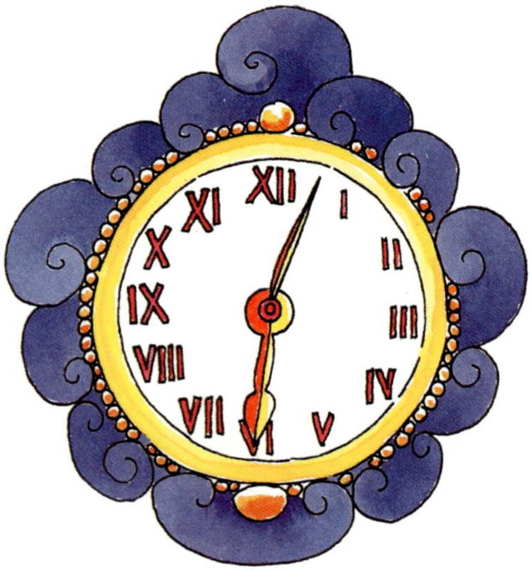

b. Le soleil se couche et la brume tombe.

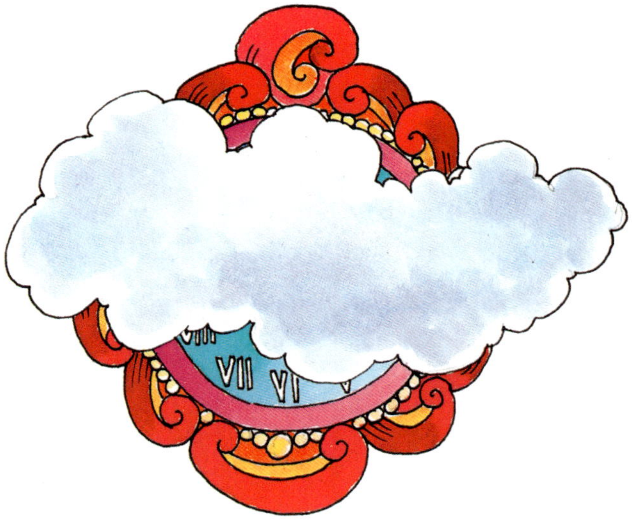

c. Il est deux heures de l'après-midi.

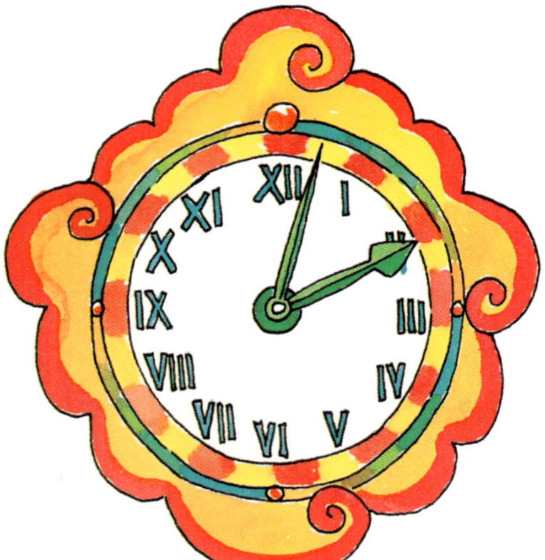

d. Une heure plus tard, le soleil commence à briller.

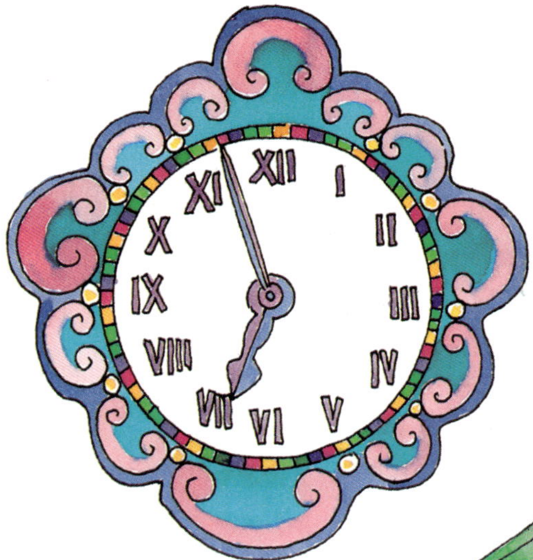

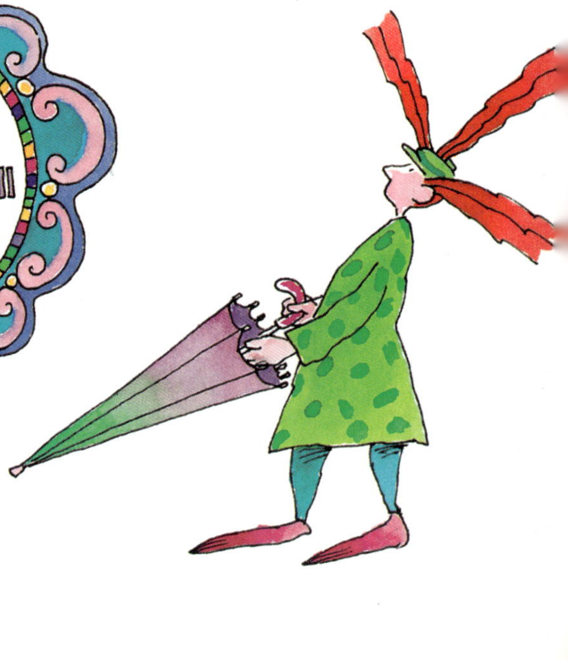

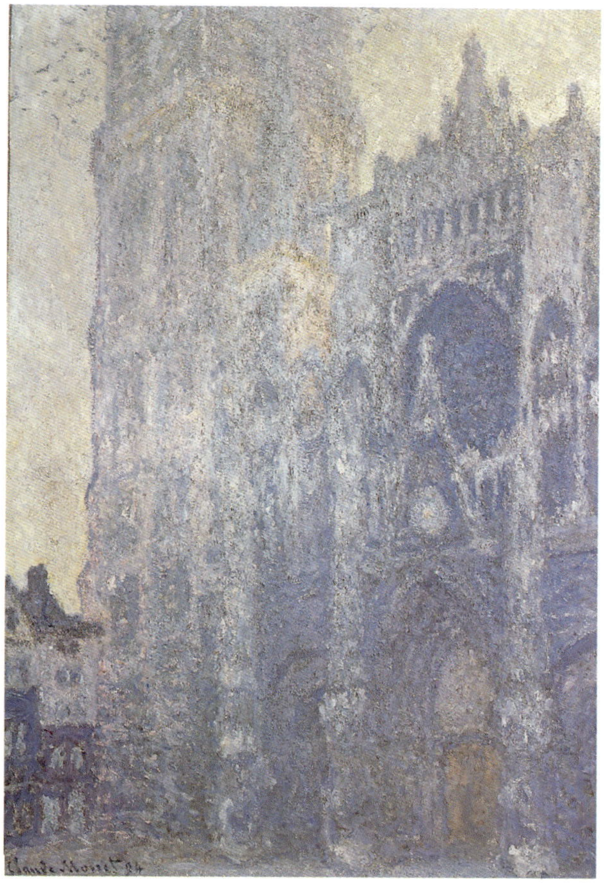

1

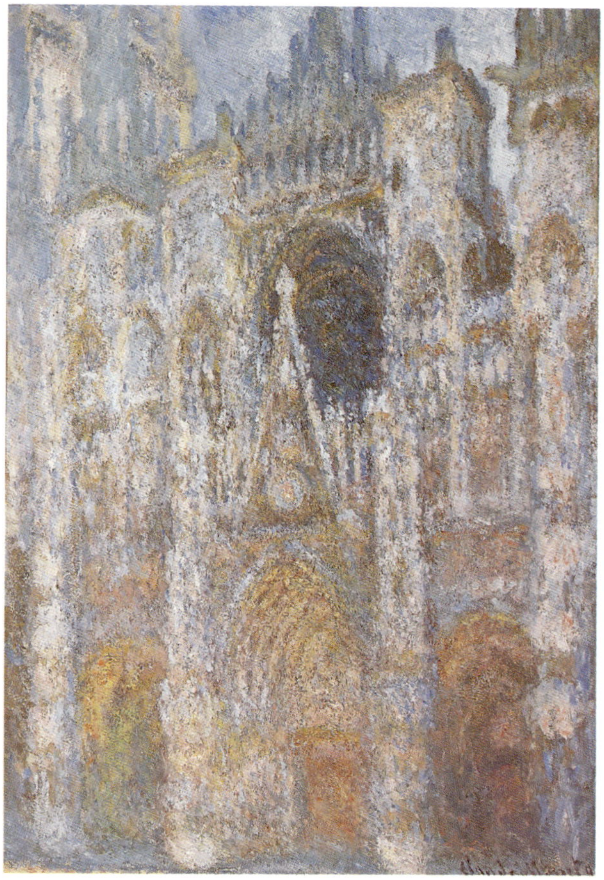

2

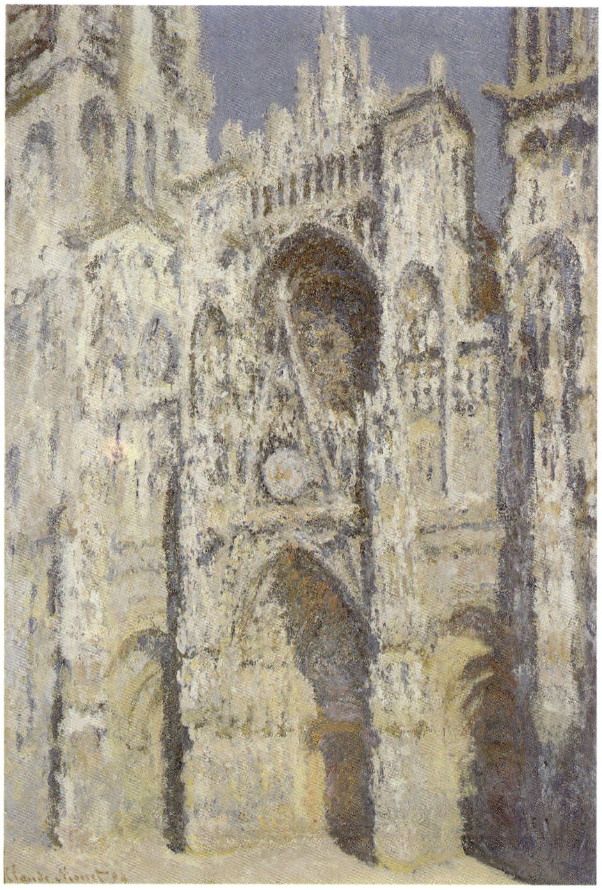

3

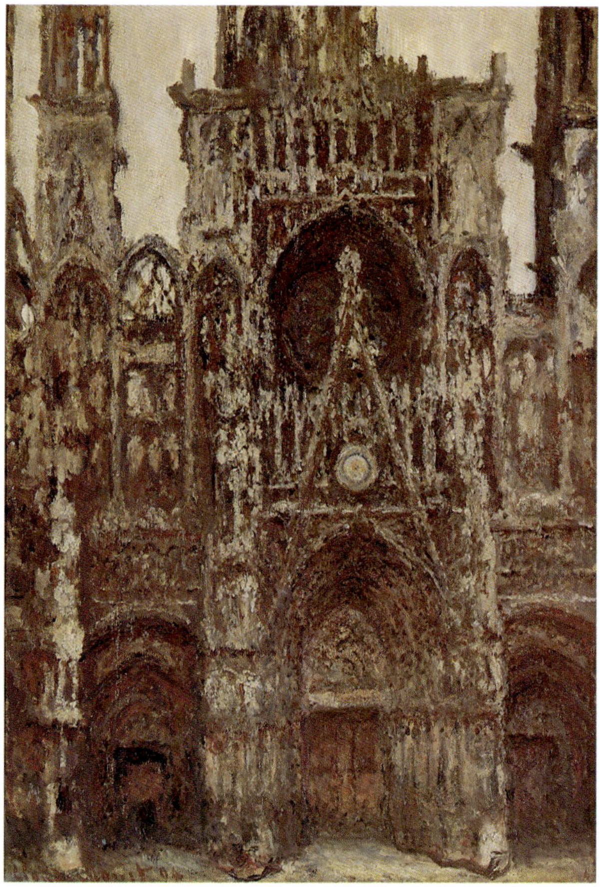

4

LES NYMPHÉAS

1916-1926

Pendant plus de vingt ans, à la fin de sa vie, Monet peint les nénuphars du bassin de son jardin à Giverny. Il était presque aveugle. Les fleurs sont peintes comme s'il les voyait à travers des jumelles.

Retrouve, dans la palette, les couleurs de cet immense tableau.

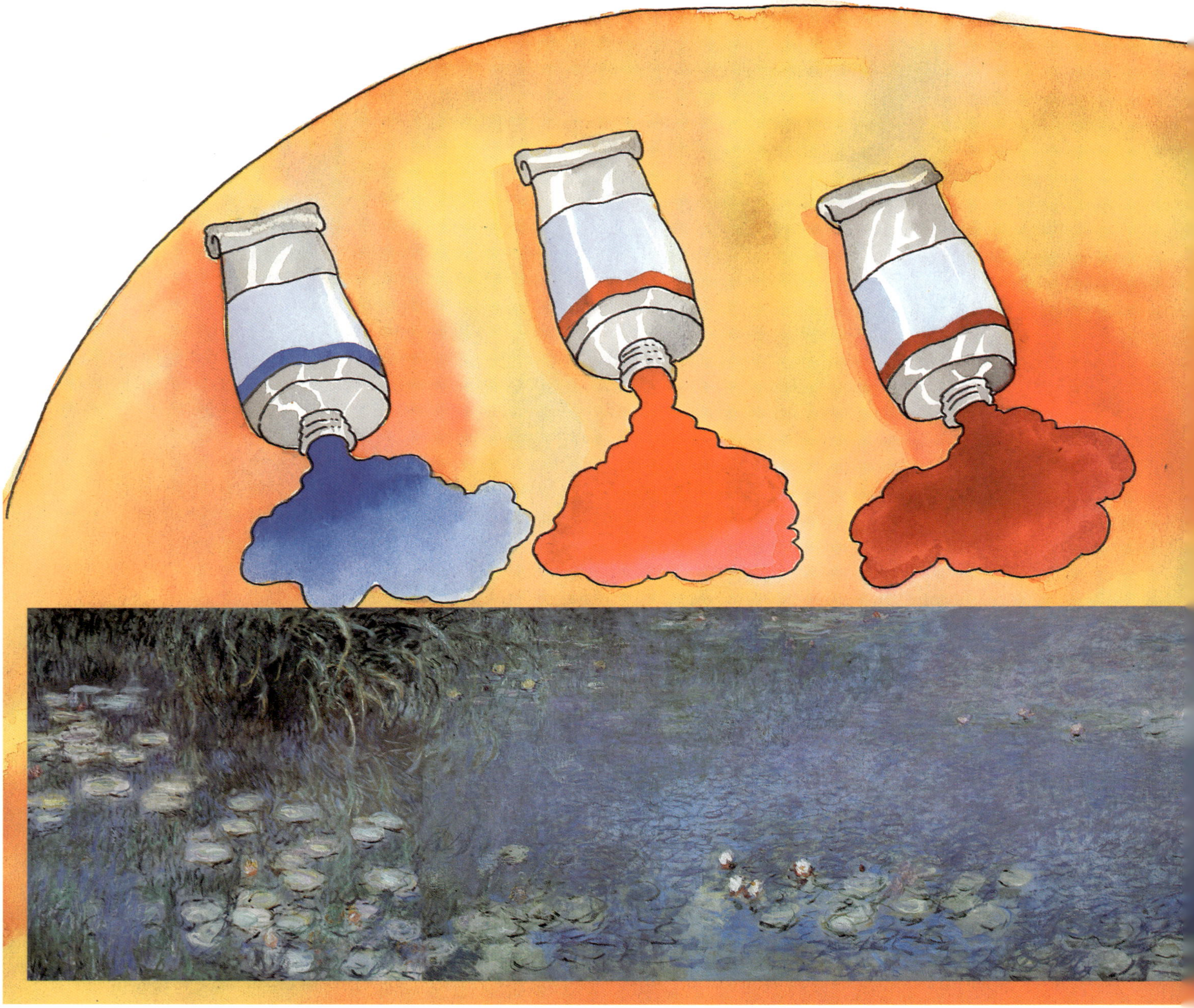

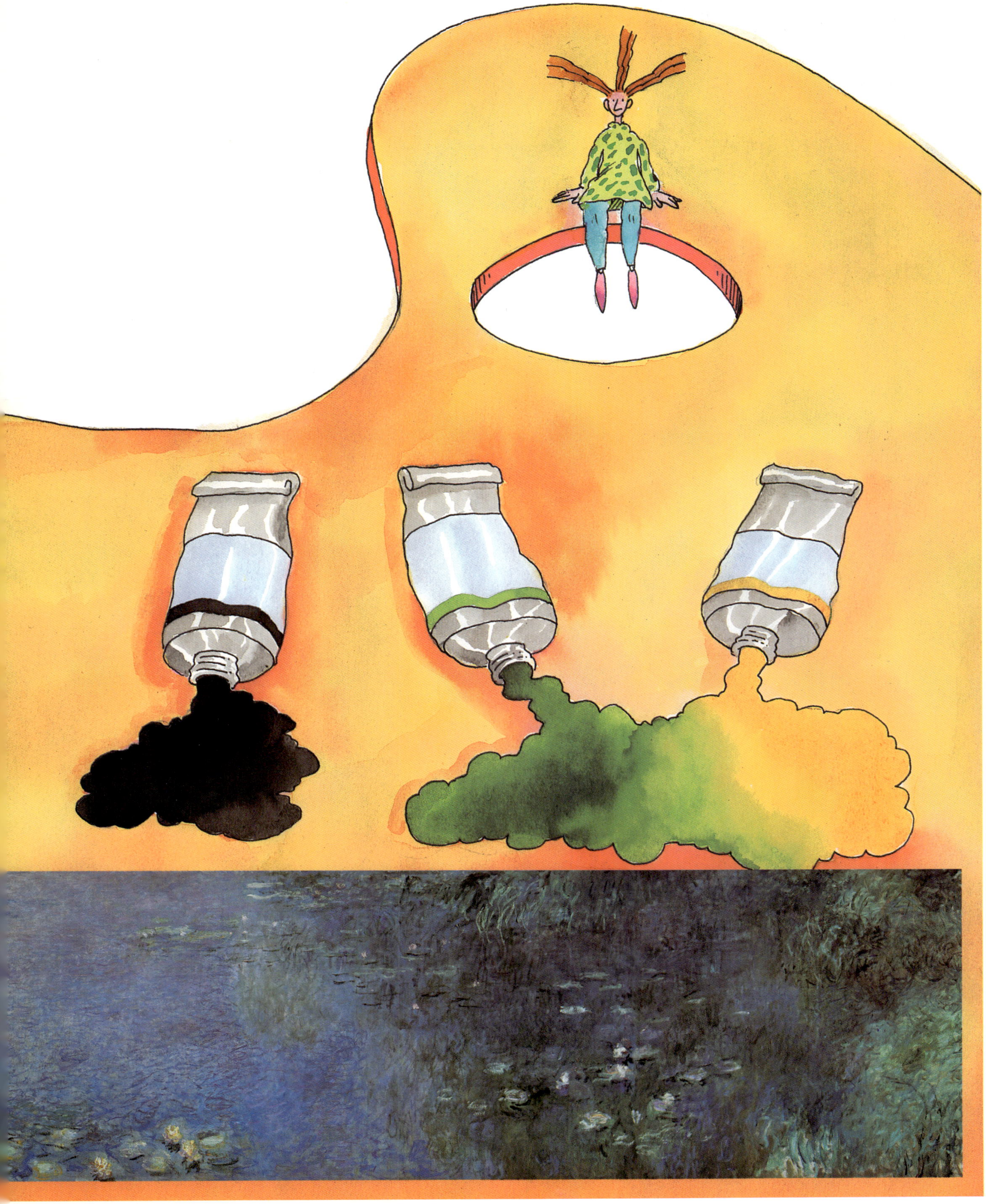

LES AMIS IMPRESSIONNISTES

Monet et ses amis : Manet, Boudin, Renoir, Pissarro, Courbet... faisaient partie d'un groupe de peintres que l'on appellait "impressionnistes". Ils ont souvent peint, côte à côte, les mêmes motifs.

A quels tableaux de Monet que tu viens de découvrir te font penser ces peintures de Renoir et de Manet ?

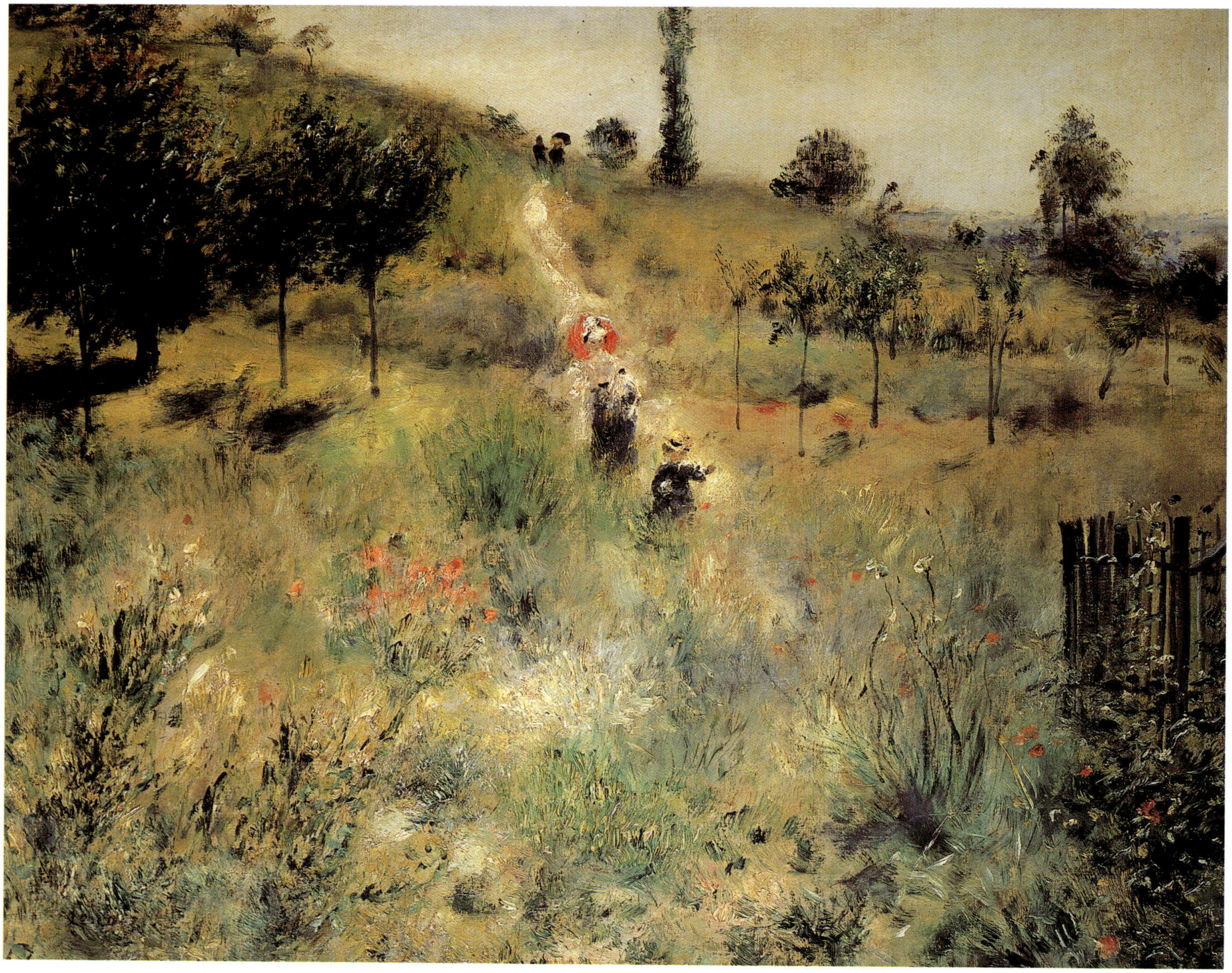

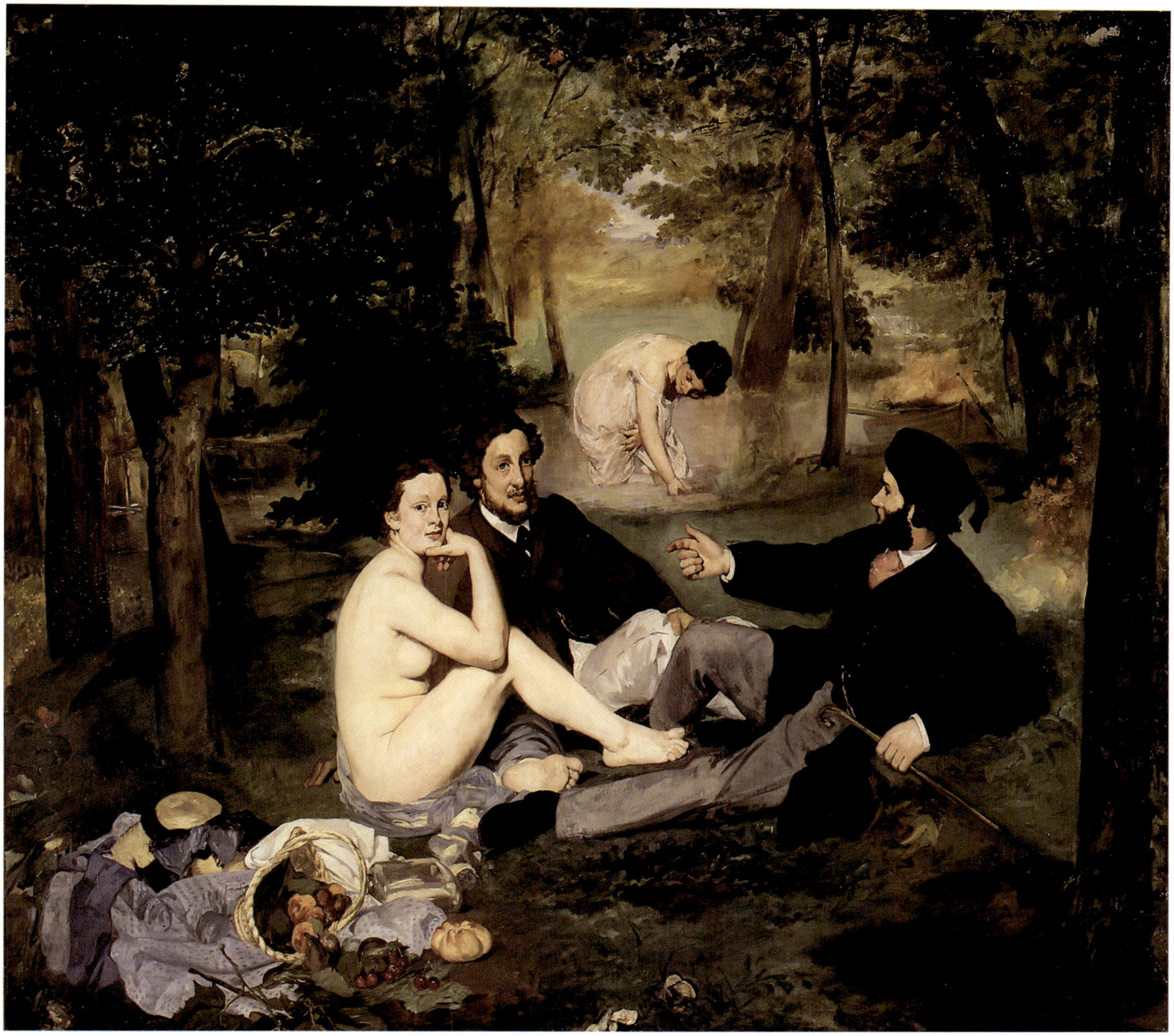

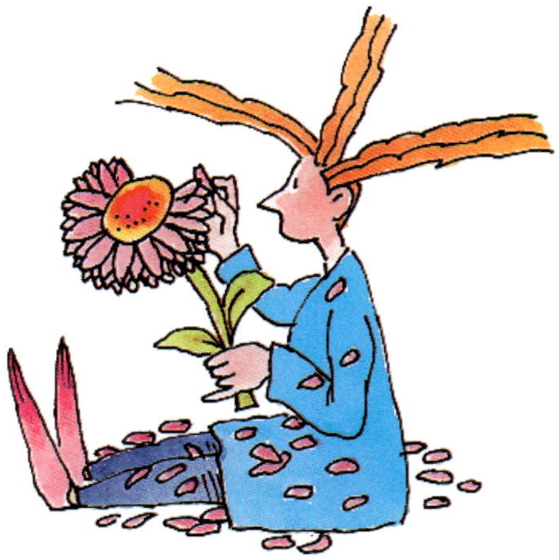

VRAI OU FAUX ?

Le peintre Claude Monet est maintenant un de tes vieux amis.

Es-tu sûr de bien le connaître ?
Réponds à ces questions et compte cinq points par bonne réponse.

1. Le prénom de Monet est Joseph. **Vrai - Faux**

2. Monet peignait tout le temps dans son atelier. **Vrai - Faux**

3. On appelle “impressionnistes” le groupe peintres amis de Monet. **Vrai - Faux**

4. Le tableau “Impression. Soleil levant” représente le Japon. **Vrai - Faux**

5. Monet a habité à Giverny. **Vrai - Faux**

6. Les Nymphéas sont des animaux aquatiques. **Vrai - Faux**

7. Les détails de tableaux se trouvant sur la page suivante appartiennent tous à des œuvres de Monet que tu as pu voir dans ce livre. **Vrai - Faux**

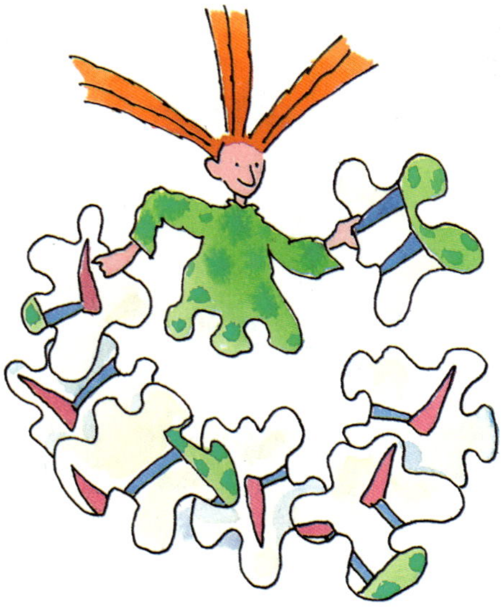

1

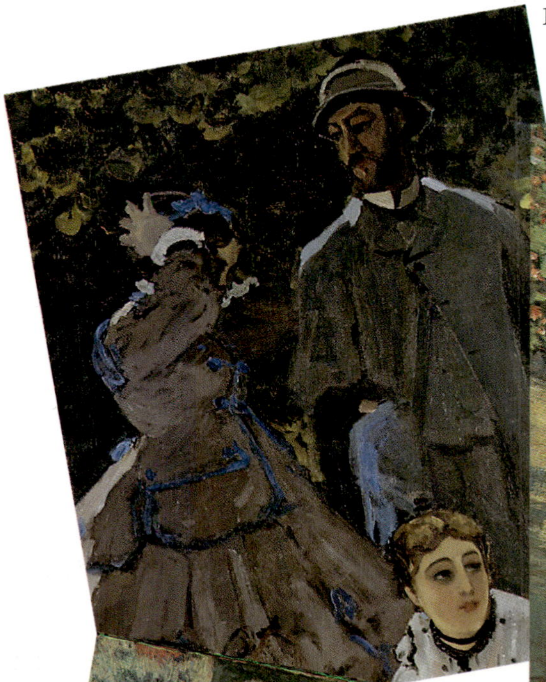

2

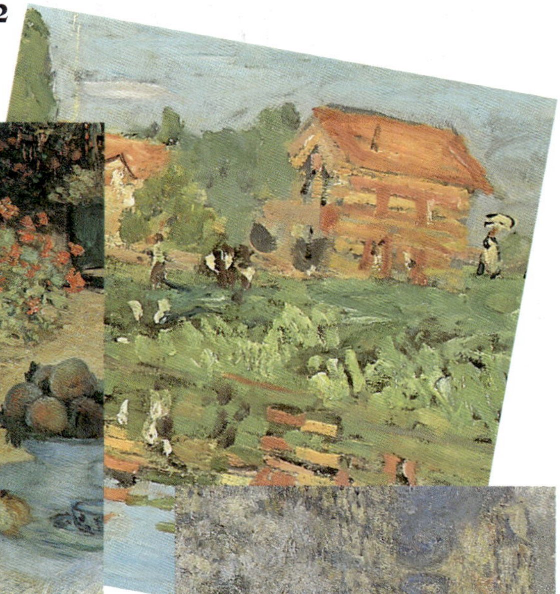

3

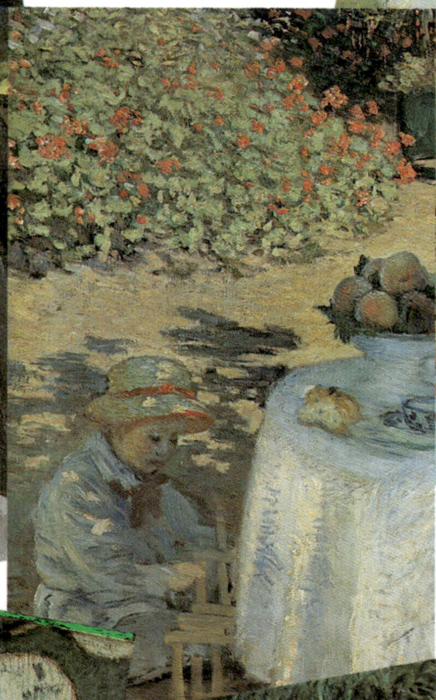

4

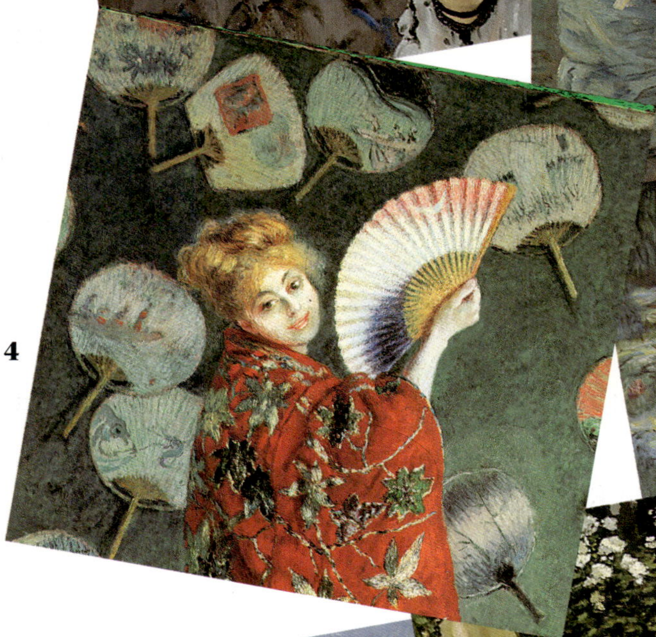

9

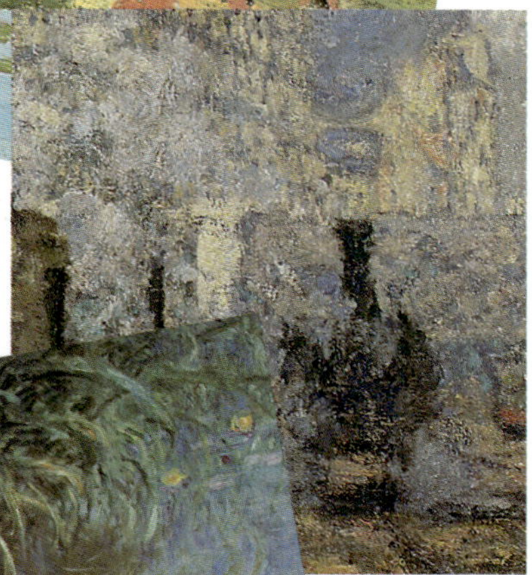

8

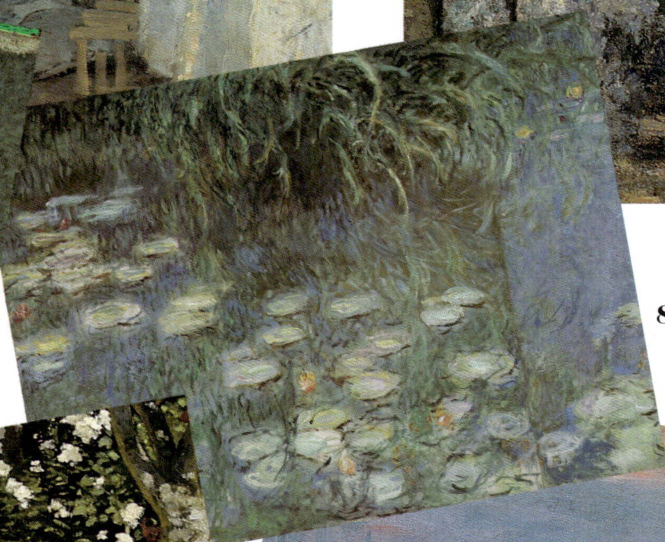

5

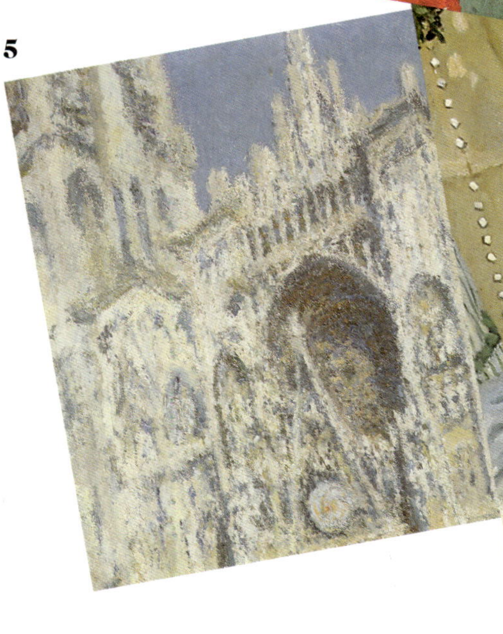

6

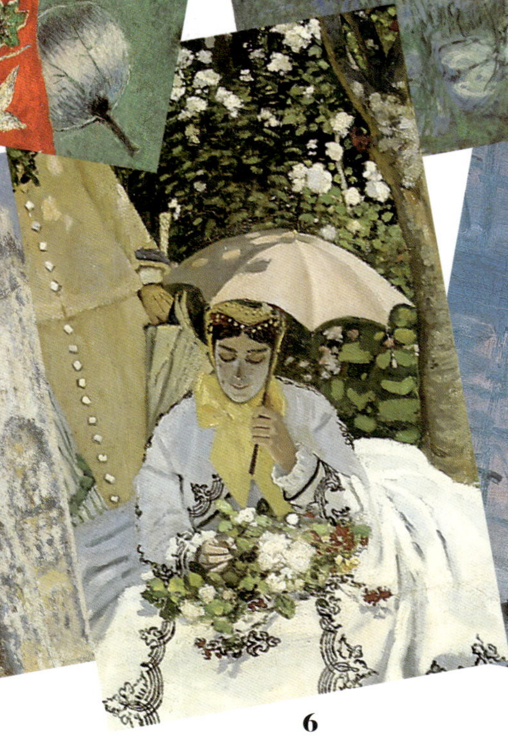

7

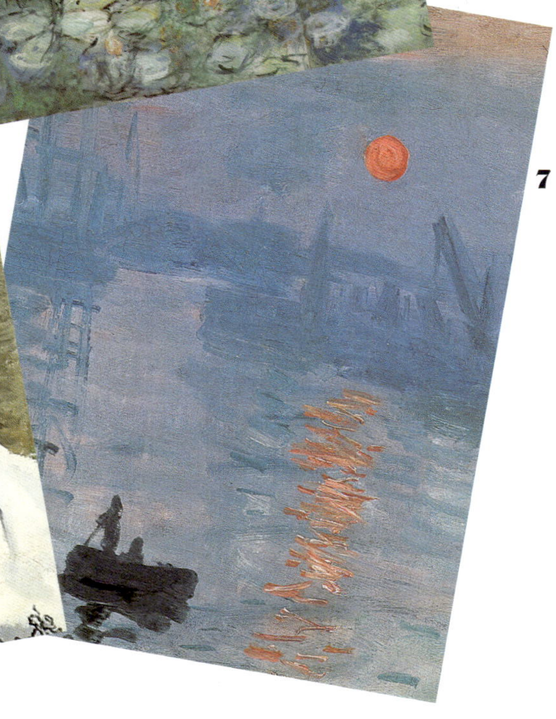

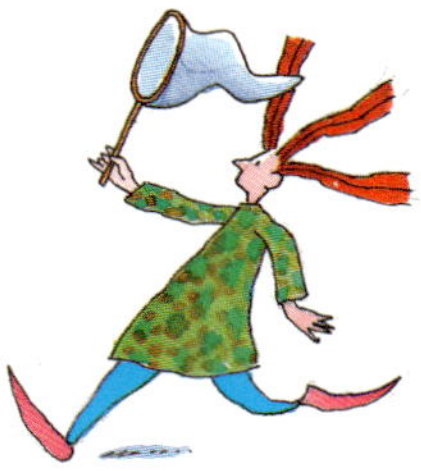

SOLUTIONS

Monet, peintre des lumières
1 : d / 2 : c / 3 : e / 4 : b / 5 : a.

Monet caricature
Le dessin **n°4**. Regarde le long nez
et le double menton du personnage.

Le déjeuner sur l'herbe
La bouteille de vin **n°7**, le pain **n°2**,
les fruits **n°11** et le poulet **n°4.**

Femmes au jardin
entre **n°3 et n°4.**

Le déjeuner
Les chapeaux **n°3, n°8 et n°13.**

Coquelicots
Les tableaux **n°2 et n°3.**

Régates à Argenteuil
1 : c / 2 : a / 3 : b.

Impression au soleil levant
Le tableau **n°2.** Regarde la place du soleil.

La japonaise

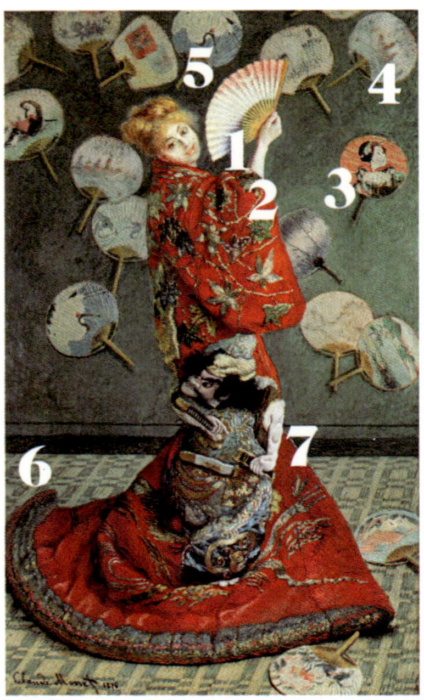

Tempête, côte de Belle-Ile

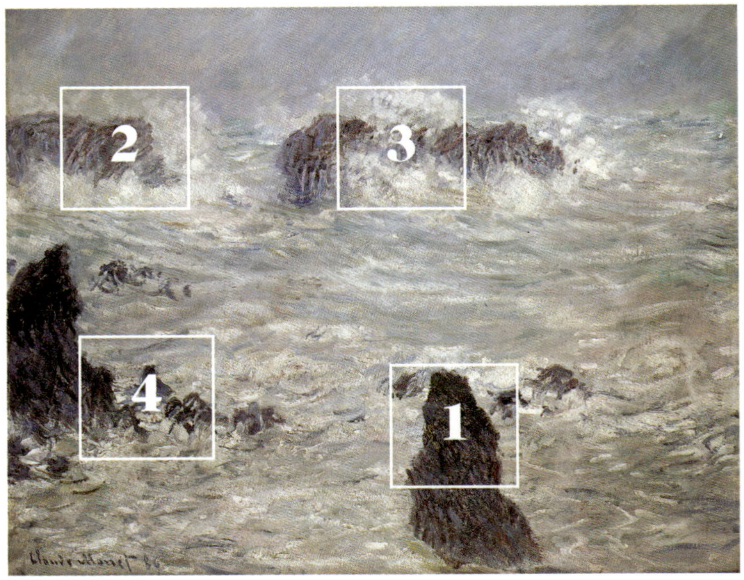

La cathédrale de Rouen
1 : a / 2 : d / 3 : c / 4 : b.

Les Nymphéas
Dans les Nymphéas, Monet a employé
toutes les couleurs de l'arc-en-ciel !

Les amis impressionnistes
Page 28, ce tableau de Renoir
fait penser aux coquelicots
peints par Monet page 13.
Page 29, ce tableau de Manet
s'appelle comme celui de Monet
« Le déjeuner sur l'herbe » page 7.

Vrai ou faux ?
1 : faux. Monet s'appelait Claude.
2 : faux. Monet peignait très souvent en plein air.
3 : vrai.
4 : faux. Il s'agit du port du Havre.
5 : vrai. Tu peux aller visiter sa maison.
6 : faux. Ce sont des plantes aquatiques.
7 : vrai. Il s'agit maintenant
de trouver les tableaux auxquels
ces détails appartiennent.

TABLE DES ILLUSTRATIONS

Les œuvres de Claude Monet

Autoportrait de Monet, couverture
Champfleury photographié par Nadar, page 4
Dandy au cigare, page 5
Groos au chapeau haut-de-forme, page 5
Le Journaliste Théodore Pelloquet, page 5
Le Romancier Jules Husson, dit Champfleury, page 5
Le Déjeuner sur l'herbe, fragment central, page 7
Femmes au jardin, page 9
Le Déjeuner, page 11
Les Coquelicots près de Vétheuil, détail, page 12
Les Champs de coquelicots,page 12
Les Coquelicots, environs d'Argenteuil, page 13
Régates à Argenteuil, page 15
Impression, soleil levant, page 17
La Japonaise, page 19
La Gare Saint-Lazare, page 21
Tempête, côte de Belle-Ile, page 23
La cathédrale de Rouen, le portail, harmonie bleue, page 25
La cathédrale de Rouen, effet du matin, harmonie blanche, page 25
La cathédrale de Rouen, plein soleil, harmonie bleue et or, page 25
La cathédrale de Rouen, harmonie brune, page 25
Les Nymphéas, matin, page 27
Chemin montant dans les hautes herbes, Renoir, page 28
Le Déjeuner sur l'herbe, Manet, page 29

Crédits photographiques
Boston, Museum of Fine Arts, page 19
Paris, Réunion des musées nationaux, pages 4, 13, 27, 29, photographes : J. G. Berizzi (couverture),
Jean, pages 28, 21, Préveral, pages 15, 23, H. Lewandowski, pages 9, 11, 25, P. Bernard, page 7
Rotterdam, museum Boijmans Van Beuningen, Jannes Linders, page 12
Vanves, Giraudon, pages 5, 17
Zürich, Fondation E. G. Bührle Collection, page 12

Publication du département de l'édition dirigé par Anne de Margerie
Coordination éditoriale : Josette Grandazzi
Fabrication : Jacques Venelli
Documentation photographique : Jamila Hébari
Maquette : Joëlle Leblond

Les textes ont été composés en Caslon
Les illustrations ont été gravées par Haudressy, Neuilly Plaisance
Cet ouvrage a été achevé d'imprimer en mars 1998
sur les presses de l'imprimerie Aubin, Ligugé.
Le façonnage a été réalisé par la S.I.R.C., Marigny le Chatel

Dépôt légal : mars 1998
ISBN : 2-7118-3674-6
JA 10 3674

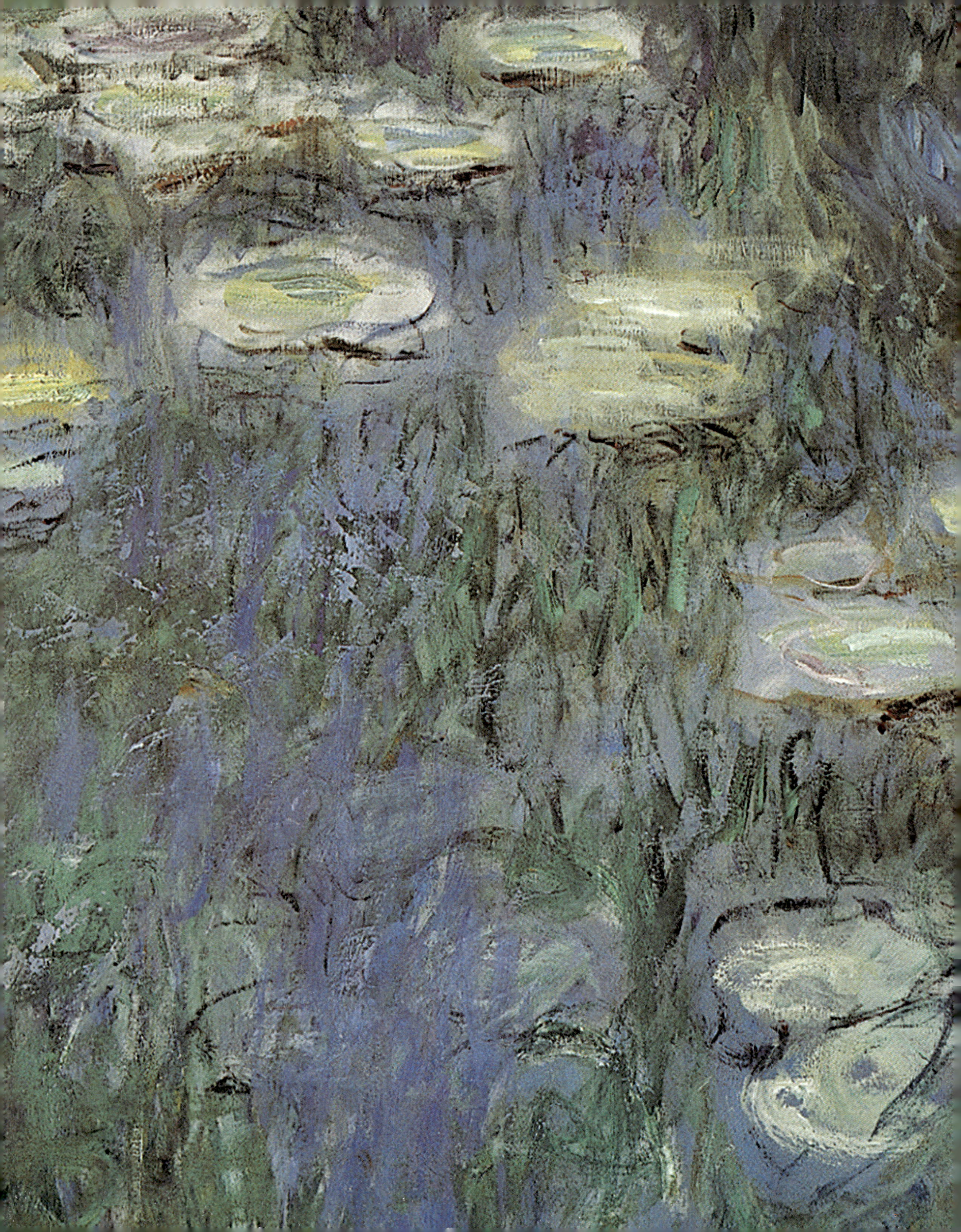